novum pocket

AF162844

Petruta Ritter

Echos der Erinnerungen

novum pocket

Bibliografische Information der Deutschen Nationalbibliothek:

Die Deutsche Nationalbibliothek verzeichnet diese Publikation in der Deutschen Nationalbibliografie. Detaillierte bibliografische Daten sind im Internet über http://www.d-nb.de abrufbar.

Alle Rechte der Verbreitung, auch durch Film, Funk und Fernsehen, fotomechanische Wiedergabe, Tonträger, elektronische Datenträger und auszugsweisen Nachdruck, sind vorbehalten.

Gedruckt in der Europäischen Union auf umweltfreundlichem, chlor- und säurefrei gebleichtem Papier.

© 2023 novum Verlag

ISBN 978-3-903468-10-8
Lektorat: Sandra Mizera
Umschlagfoto:
CristinaConti l Dreamstime.com
Umschlaggestaltung, Layout & Satz:
novum Verlag
Autorenfoto: Peter Sommer

www.novumverlag.com

Inhaltsverzeichnis

Abschied vom Haus 15
All mein wirres Denken 17
Allein 18
Altweibersommer 20
Am Eck des Gartens 21
Am grünen Hang 22
Am Traunstein 23
Auch die Liebe ist vergänglich 24
Auf deinem Schoß 25
Auftrag 26
Augen der Nacht 27
Aus meinem Lebensbaum 28
Baum meines Lebens 30
Befreiung 31
Beklemmende Zeit 32
Bemüh dich nicht 33
Bergwind 34
Bitternis 35
Bittersüße Einsamkeit 36
Blinde Blicke 37
Blumenkorso in Bad Ischl
Kaisertage in Bad Ischl 38
Böser Traum 39
Bote des Frühlings 40
Brand in der Morgenstunde 42
Dankbarkeit 43
Das alte Jahr 46
Das Flugzeug 47

Das Herz geht über	49
Das Leben hat zwei Seiten	50
Das will ich dir sagen	51
Definition des Glücks	52
Deine Berührung	53
Der Fels	54
Des Lebens heißer Wille	55
Dichters Träume	56
Die Entfernung	57
Die gelbe Rose	58
Die Wanduhr	59
Die Zeit ist unbestechlich	60
Dir Himmelsvater	62
Dir Uschi	63
Dort am Eck des Gartens	64
Du leuchtender Himmel	65
Du liegst in der Wiese	66
Du rennst und weißt nicht wohin	67
Dunkelheit	68
Düstere Eindrücke	69
Düsteres Licht	70
Ein Gänseblümchen	71
Ein Schneckenehepaar	72
Einem verehrten Dichter	73
Einsam	75
Einsamkeit komm mit	76
Elternhaus	77
Ende einer Liebe	78
Entwurzelte Buche	79
Es wird schon werden	80
Fallende Dunkelheit	81
Fantasie	82

Farbenspiel	83
Fernweh	85
Föhnluft im Dezember	86
Frag nicht, warum	87
Freundin Muse	88
Frühmorgen Gespräch	89
Führe mich nach Hause – Einsamkeit	92
Funkentanz	94
Geboren für die Ewigkeit	95
Gelber Schmetterling	96
Geliebte Stadt – Linz	97
Getrost im Herzen	99
Gewittertoben	100
Gleich einem Reisenden	102
Graue Tage	103
Grübel in der Nacht	104
Harmonie	105
Heimatlicht	106
Heimatloses Du	107
Heimkehr des Glücks	108
Herbst meines Lebens	109
Herbstankündigung	111
Herbstelegie	112
Herbstmelancholie	114
Herbstwetter	116
Herzensgebot	117
Hier darf ich ein bisschen verrückt sein	119
Hoffnung	121
Ich bin …	122
Ich möchte gehen	123
Ich pflücke ein Gedicht	124
Ich wandle	125

Im Frühlingssturm 126
Im Sturm des Lebens 127
Im Winterschlaf 128
Immerzu 129
In den dunklen Augen 130
In den jungen Jahren 131
In meiner Ohnmacht 133
Irgendwo nach Süden 134
Je länger das Leben 135
Jugendliebe 136
Juniwald 137
Kamillenblüte 138
Kindheitserinnerung 140
Klage 141
Komm herein 142
Komm Zauberkraft 143
Königin der Nacht 144
Kostbares Geschenk 145
Kraft des Frühlings 146
Lass dich fallen, Nacht 148
Lass mich 149
Frag nicht, warum 150
Lasst mich weinen 151
Lauf der Welle 152
Leben im Wandel 153
Lebenssinn 154
Lebensstufen 155
Lebenszeit 156
Liebe auf Wanderschaft 158
Liebeserklärung 159
Linz 160
Lobgesang des Morgens 161

Macht des Wahnsinns	162
Mein Heimatdorf	163
Mein Himmelsstern	164
Mein Traum vom Glück	165
Unschuldsbild	166
Mächtiger Gott	167
Meiner Mutter	168
Melancholie	169
Milde Herbsttage	170
Mit der Stille	171
Mit dir im Herzen	172
Mittagsstille	173
Mitternachtregen	174
Morgendlicher Traum	176
Morgengebet	177
Mürrischer März	178
Nach Herzenslust	179
Nacht, komm	180
Nachtregen	181
Nachts	182
„Neid"	182
Nie endender Traum	183
Noch türmt sich …	184
Noch wallst du, Herz	185
Novembergedanken	187
Novemberstille	188
Oh Mutter Erde	189
Ohne Halt	190
Ortswechsel	191
Ostern	193
Quell des Trostes	194
Regen am Abend	195

Untröstliche Natur	196
Reiffrost	198
Rosenstrauß	199
Ruf des Todes	200
Ruhelose Seele	201
Sag mein Herz	202
Salzkammergut	203
Schätze der Natur	205
Schau, wie der Herbst	206
Schenk meinem Geiste Licht	207
Schenk mir die Ruh	208
Schlaflose Nacht	209
Schmetterlingsstrauch	210
Schöner Traum	212
Schreckgespenster	213
Sehnsucht nach dem Süden	214
Seine Seele	215
Traunsee Esplanade (im Herbst)	216
Seltsames Gefühl	217
Silbermond	218
So Gott es will	219
So sagen die Freunde	220
So seh' ich die Sehnsucht	222
Sommerfreude	223
Sommernacht im Regen	224
Es rauscht der Regen	225
Sonnenblume	226
Sonnenblumenfeld	227
Sonnenlied	228
Sonnwende	229
Spiel der Gedanken	230
Spiel der Sinne	231

Gebündelte Lebenserfahrungen 232
Stell keine Fragen 235
Sterbender Traum 236
Sterne des Himmels 237
Sternengold 238
Stiller Zeitbericht 239
Tageseinteilung 241
Tannenblüte 243
Tanz der Lebensfreude 244
Tief in dem Wald 245
Trauerfest im November 246
Traum, du in deinem Wahn 247
Traumbetäubt 248
Trennung vom Vertrauten 250
Tropische Hitze 251
Tröstende Nacht 252
Über Raum und Zeit 253
Umarme mich 254
Umdenken 255
Umhüllt 256
Und immer noch die Sehnsucht 257
Und noch ein Jahr 258
Unerreichbar 259
Unerwartet 260
Ungeliebter Winter 261
Üppige Dolden in Rosa 263
Vergänglichkeit 264
Vergebens 266
Verliebt ohne Ablaufdatum 267
Verloren geglaubte Welt 268
Verlorene Heimat 270
Verlorenes Sommerglück 272

Verrückt	273
Versöhnendes Lebensgefühl	274
Versöhnung mit dem Herbst	275
Verstimmtes Herz	277
Vertrautes Glück	278
Verwandlung der Dinge	279
Vollmond	281
Von Sehnsucht getrieben	282
Vor deinem Bilde	283
Wachstumsdrang	284
Vorbote des Winters	286
Wandern in der Nacht	287
Was kümmert's mich	288
Wehmut	290
Weihnachten	291
Weihnachtsvollmond	294
Weihnachtszeit	295
Weinende Poesie	296
Weiße Tüpfchen	297
Welle des Verwandlungsflusses	298
Welt der Träume	300
Wenn der Morgen ...	301
Wenn des Abends	302
Wenn die Hand	303
Wenn ich einmal nicht mehr bin	304
Wenn ich noch einmal beginnen könnte	306
Wie eine Fremde	308
Wie oft bist du	309
Wie schön ich's habe	310
Wie soll man Stille beschreiben	311
Wiederkehr des Glücks	312
Winter in Trotzhaltung	313

Winterliches Unbehagen 314
Winterschwere 315
Winterspuk 316
Wintertag am Traunsee 317
Wohnortswechsel 318
Wolkenspiel 319
Zauber des Gedichts 320
Zauber einer Frühlingsnacht 321
Zu deinem schönsten Kapitel des Lebens
Dir Alexandra 322
Zu zweit 324
Zum Abschied 325
Zweifel und Trost 326
Zwiegespräche 328
Zwielicht 329

Abschied vom Haus

Aus einem Traum aufgewacht,
angstvoll stehst du da im Leeren.
Alleine, mitten in der Nacht,
dir scheint es, einen Ruf zu hören.

Der Mond will hinterm Berg verweilen.
Warum musst du hinaussehen?
Willst du deine Sehnsucht teilen
mit ihm, und mit ihm weitergehen?!

Wenn auch beim Abschied das Herz weint,
du musst mit dem Strome fließen.
Wie es das Schicksal mit dir meint,
weißt du nicht, willst auch nicht wissen.

Dir ist keine Rast vergönnt,
Sehnsucht ist dein Wegbegleiter.
Traurig blickst du, wie der Mond
stumm steigt auf des Himmels Leiter.

Nacht mit deiner Dunkelheit,
dir vertraute Trösterin.
Sie kennt dein Glück, sie kennt dein Leid,
sie war bei dir von Anbeginn.

Als du, mit erstem Schrei, der Welt
gabst laut kund, du warst geboren.
Sie hat sich gleich zu dir gesellt
und ewig Treue dir geschworen.

All mein wirres Denken

Winterschwere Träume,
atemlose Bäume,
schwarzumhüllte Nacht.
Durch die Atmosphäre
blickt die tote Leere
in Gespenstertracht!

Auf den Berg und Feldern,
auf erschreckten Wäldern
Kälte lastet schwer.
Herz sehnt sich nach Wonne
in der Frühlingssonne,
an das Mittelmeer.

All mein wirres Denken
will im Schlaf sich senken
in des Traumes Kreis.
Umgeben von Zypressen
Welt und Leid vergessen.
Wie hoch ist der Preis,
den ich zahlen muss
für süßen Genuss
für solch hehre Stund'?!
Traum, bleib mir gewogen,
warte noch bis morgen.
Heut ist mein Ich wund.

Allein

Diffuses Licht im Zimmer.
Ich fürchte mich.
Der Kerze schwacher Schimmer
ist fahl wie ich.

Ich sitz in den vier Wänden.
Allein. Die Angst geht um,
Mit ausgestreckten Händen,
gespensterhaft und stumm.

Am Himmel, fremd und kalt
zeigt sich der Mond,
durch einer Wolke Spalt
an seinem Los gewohnt.

Wie leise schlägt mein Herz.
Wie leer der Raum!
Im wohlbekannten Schmerz
mein Leib bewegt sich kaum.

Die Jugendzeit zerrann
stur, ohne Wiederkehr.
Mit Spott nur dann und wann,
gekühlt und seelenleer,

wirft sie durch Jahre, weit
den starren Blick.
Du siehst in deinem Leid
das lang verglühte Glück.

Altweibersommer

In des späten Sommers liebliches Gesicht
aus Himmelshöhe quillt gedämpftes Licht.
Die letzte Blumenfülle leuchtet bunt
von lautem Bienenchor umsummt.

Altweibersommer nennt sich diese Zeit.
Ein Tüpfchen Herbst trägt er in seinem Kleid.
Die Felder nach der Ernte braungebrannt,
das Recht zur Ruh ist ihnen zuerkannt.

Am Horizont die Wolken uferlos
verweilen träumerisch am Himmelsschoß.
Vogelrufe durch die Luft ertönen.
Im Flug zum Tal ein letztes Glück sich gönnen,

eh sie die Reise in den Süden starten,
wo altvertraute Träume auf sie warten!

Des Sommers Sinn, der nun im Herzen ruht,
seine Bestimmung hat er gut erfüllt.
Die Frucht der Saat, von Menschenhand gesät,
von Gott gesegnet, in den Speichern steht.

Am Eck des Gartens

Dort am Eck des Gartens, wo eine Birke
himmelhoch ragte,
ihr weißer Stamm
auch in der Nacht leuchtete,
blüht jetzt ein Strauch weißer Flieder,
als hätte er die Farbe
des Birkenstammes übernommen,
um für sie weiterleuchten zu dürfen.
Durch die Frühlingstage und Nächte
sein leiser Atem
haucht dem Licht einen lieblichen Duft ein,
als wäre er die Quintessenz
aller duftenden Blumen.

Am grünen Hang

Am grünen Hang des Sommers müde
entschlief der Wind für eine Stunde
in seinem stillen Glücke.
Der Friede hat das Tal erfasst.
Kein Blatt rührt sich am dünnen Ast.
Der Sonne milden Blicke

glanzgedämpft die Erde küssen.
Keine Wolken fürchten müssen
auf der Himmels Weite.
Ach, in diesem Augenblick
mein wohlwollendes Geschick
steht mir treu zur Seite.

Unter kühlem Baumesschatten
Ich stell mir vor den Gottesgarten,
das bunte Paradies.
Selbst wenn ich steh am Scheideweg
und schmäler' nun den Lebensweg,
die Freud ist mir gewiss.

Herbstzeit, wie sanft berührst du mich!
In dir, mein Leben, spiegelt sich
ein Wechsel der Gefühle.
So träum ich selig wie ein Kind,
während des Tages Licht verrinnt
in Abendsommerkühle.

Am Traunstein

Am Traunstein das Morgenlicht
gefangen in dem harten Grau.
Mit Schreckensspuren im Gesicht
schleierhaft und ungenau,

mürrisch wirft es seine Blicke,
die noch fremd, verschlafen, trübe
suchend nach verlorenem Glücke
in des Tales tiefe Grube.

Dorf und Wälder, leicht benommen
dämmern träumend, halb erwacht,
leise stöhnend und beklommen,
hängend noch am Saum der Nacht.

Doch aus weitem Lüftereich
zeigt sich bald ein heller Schrei,
Lichtbeladen, glänzend, weich,
sorgen- und beschwerdefrei.

Lächelnd hat der junge Tag
frei gemacht des Lichtes Quell,
welch' er in der Nacht verbarg
und auf Erden wurde hell.

Auch die Liebe ist vergänglich

Dass ich dir einst begegnet,
ein Wunder mir erschien.
Ich fühlte tiefe Liebe und neuen Lebenssinn.
Befreit von jedem Zweifel,
für ewig schwor ich mir,
die Liebe reifen lassen, mit dir und nur mit dir!

Einst war mir dein Gesicht eine Ikone.
Dein Atem wärmte mich, dein Blick war Sonne.
Mein schwaches Hoffen hast du mir neu erbaut.
Es war, als ob du mir schon lange Zeit vertraut.

Doch jüngst, dein Bild klaglos verschwand!
Im Schreck, mein Ich geriet in Brand
der Sehnsucht, und ich suchte wild
nach dem, mir so vertrauten Bild!

Ich fand es nicht. Aus den gesenkten Lidern
fiel tiefe Trauer auf den Boden nieder.
Doch des Vergessens Kraft ließ bald
mein Leid verglühen.
Die Liebe war auch uns nur
zeitbegrenzt geliehen!

Auf deinem Schoß

Auf deinem Schoß lass mich verweilen,
mit dir die Lebensfreude teilen,
den Blick zum Himmelstor.
Lass mich auf den weiten Fluren
suchen nach den Glückes Spuren,
die ich einst verlor.

Du Seele der Natur, dir nah verwandt,
ich fühle mich – lass deine warme Hand
mein Herz berühren.
Mit dir vereint, befreit von Alltagspflicht
von deiner Sanftheit in das Reinheitslicht
lass ich mich gern entführen,

in eine Welt, die keine Schranken kennt,
von irdischer Missgunst getrennt,
von Angst und Zwang.
Durchs Blumenfeld glückselig schweben,
träumend spüren das unbeschwerte Leben,
wenn auch nur einen Tag.

Auftrag

Es ist wie ein Auftrag aus zurückliegender Welt,
den mir das Leben zu erfüllen gestellt.
Träume, die ungeträumt blieben – einmal
irrend durch das pulsierende All,

auf der Suche nach geeignetem Instrument,
in dessen Saiten ein Funke der Liebe brennt
und bewegt sein will auch von meiner Hand
durch geschriebene Worte
aus meinem Verstand.

Von Ferne her leise erreichen mich
Klänge der Sehnsucht, die fast mütterlich
mein Herz süß berühren, und machen mir Mut
und das Verlangen zu schreiben erglüht.

Doch die Sprache macht es
mir nicht immer leicht!
Manches passende Wort mich mühsam erreicht.
Mein Deutsch hat nicht
den Muttersprachenrang
und dennoch, diese Sprache
ist mein schönster Gesang.

Augen der Nacht

In den dunklen Augen der Nacht
glänzen alle Sterne des Himmels.
Leises Windgeflüster verzaubert den Wald
und lässt ihn im Traum versinken.
In dieser langen Winternacht
hat die Luft vergessen zu atmen.
Hinter seinen erstarrten Wänden, der Berg.
Wie in einem Gefängnis
schloss er die Schneestürme,
um die Stille der Heiligen Nacht
zu bewahren.
Engelsgesang aus der Ewigkeit
voller Freude und Heil
fließt auf die Erde, und in jedem Heim
sprießt Hoffnung und Glück zugleich.
Möge der Weihnachtsfriede
alles Unheil dieser Erde überwinden!

Aus meinem Lebensbaum

Aus meinem Lebensbaum,
verdorrt,verblichen, müßig,
es löst sich noch ein Blatt,
des Lebens überdrüssig.
Durch seine lichte Krone drängt
sich die kalte Leere.
Wie unermesslich groß des
Älterwerdens Schwere!!

Das Herz wehrt sich, sucht noch
ein Restchen Glück,
zeigt sich kühn dem mächtigen Geschick.
Den Hoffnungsräubern, Hochgelächter, Spott,
es wirft ein Lächeln nur,
wenn auch unweit der Tod.

Ach du, mein Lebensbaum,
das Welken deiner Pracht
ist Herbst, ist Farbenrausch,
ist ausgereifte Macht
deines bewegten Lebens,
im Kampf zu überstehen.
Du fühlst, der Abschied ist
nur ein Hinübergehen,

Um neu aufzuerstehen in einem anderen Licht.
Wenn auch nur schwer zu sehen
sein gütiges Gesicht,
so ahnst du instinktiv,
im All kann nichts entschwinden
und eine neue Heimat wird deine Seele finden.

Baum meines Lebens

Der Baum meines Lebens
mit seiner Wirrnis von Ästen
wächst nun langsamer, unspektakulärer.
Einst wollte er den Luftraum
des Himmels sich zu eigen machen,
die Sonne umhüllen
mit seinem Blätterkleid.
Die Wolken machte er sich
zu seinen Verbündeten,
die ihm den Weg nach oben frei hielten.
Alles gestern!
Heute, mit dem Gesicht zur Erde gekehrt,
mein Lebensbaum
beweint von Zeit zu Zeit
seine fallenden Blätter.
Er sammelt seine Kräfte
in der Erde.
Die Luft ist ihm zu haltlos geworden.

Mein Lebensbaum!
Wie behutsam und leise
er mir die Angst des Vergehens beibringt!

Befreiung

Die Landschaft der Erinnerungen
ist wie eine bunte Frühlingsblume,
wie der Glanz einer Morgendämmerung,
wie ein besternter Himmel
der lauen Sommernächte.
Sie ist die süße Berührung
einer sanften Brise,
geheimnistragender Zaubereines transzendie-
renden Traumes,
der der Seele Heilung verspricht.

Die Landschaft der Erinnerungen
ist das Bewahren des Erlebten,
verborgen im Schatten des Daseins.
Schweigend, sie lebt
und sammelt Ereignisse deiner Zeit,
Mosaikbilder eines irdischen Lebens.

Beklemmende Zeit

Ende März: Zögernd tröpfelt der Regen.
Die Welt ist verseucht mit tödlichen Viren.
Man darf sich im Freien nicht länger bewegen.
Nur so kann man
Ansteckungsgefahr minimieren.

Es riecht nach Tod in der still gewordenen Welt.
Corona hat die Menschheit im Griff.
Die Regierung uns sagt, das Einzige, was zählt,
ist die Gesundheit und rief

den Menschen, die Wohnung nicht zu verlassen.
Zum Spazierengehen verliert man die Lust.
Der Arbeitsstillstand fegt leer alle Kassen,
neue Kredite machen wett den Verlust.

Es wird irgendwie wieder werden,
wenn auch nicht eins zu eins wie zuvor.
Wir lassen uns getrost
von „Experten" verblenden
und betreiben geduldig Galgenhumor.

Bemüh dich nicht

Bemüh dich nicht, das Leben zu verstehen.
Vergeude nicht die Zeit mit solchem Wahn.
Das Leben ist ein Kommen und ein Gehen,
ein seichter Abdruck auf der Lebensbahn.

Ein kurzes Flirten mit der Mutter Erde,
das dich beglückt,
enttäuscht – ein Wechselspiel.
Und dennoch stets, mit treulicher Gebärde,
begleitet dich bis zu dem höchsten Ziel.

Am Weges End, du blickst verklärt zurück!
Siehst deine Taten, ungestüme, sachte,
auch deinen Kampf mit forderndem Geschick.
Doch schnell verblies, was Dasein ausmachte.

So quäle nicht den Geist mit tausend Fragen,
die launenhaft und sinnlossind.
Lass dich sorglos treiben von den Tagen,
deren Lauf dir treu und gut gesinnt.

Bergwind

Bergwind, wie zahm kommst du daher
auf Flügeln gleitend, bis zum Tal.
Sanft kühlst du die erhitzte Erde.
Wenn heute sparsam deine Spende,
wohltuend ist sie allemal.

Du ziehst vorbei, bleibst nirgends stehen.
Nicht einen Hauch vergeudest du.
Dein Kommen immer ein Ereignis.
Wo du entstehst, bleibt dein Geheimnis,
nur selten hast du Ruh.

Bitternis

Noch hallt dein Tritt
In meinem Ohr.
Wie schwer du gingst
den Weg zum Tor!
Ich sah dir nach
mit trübem Blick.
Wie schnell entschwand
das kurze Glück!
Der kalte Raum
stand da so leer
um mich herum.
Nichts lebte mehr!
Ich schloss die Tür
und war allein.
So wie es war,
wird nichts mehr sein!

Bittersüße Einsamkeit

Der Blick des Gartens hat an Glanz verloren.
Verwelkte Blätter ringen mit dem Tod.
Aus dem grauen Tag grinst
schauderhafter Spott,
regungslos das Sterben zu beschwören.

Fahl und müd und starr das Licht versinkt
in des Novembernebels Trauerkleid.
Die leblose Natur macht sich bereit
für einen langen Schlaf – der Winter winkt.

Kalte Schauernächte stehen mir bevor!
Ein schmerzverkrümmtes, unerfülltes Sehnen.
Treibt's mich – Wohin? –
ich kann es nicht benennen.
Ein Rätsel, das sich hält hinter des Herzens Tor.

Des Windes Wellen durch die trübe Nacht,
sie tragen mein Verlangen weit.
Komm, bittersüße, mir vertraute Einsamkeit
und tröste mich und halte um mich Wacht.

Blinde Blicke

Ein schlecht gelaunter Tag. Das Licht betrübt
und ein schweres Herz im Morgengrau.
Die Glocke heult wie ein Gesang der Trauer.
Im Zimmer grübelt eine triste Frau.

Blumenkorso in Bad Ischl
Kaisertage in Bad Ischl

Die Blumengeflechte in kunstvollen Formen
im leuchtenden Glanz durch
die Kaiserstadt strömen.
Spätsommersonne heißt willkommen die Gäste.
Freudig sie spendet ihre Wärme dem Feste.

Goldener Tag wie aus alten Märchen uns winkt.
Ein Hauch Nostalgie fließt leicht mit dem Wind.
Auf kaiserlichen Spuren der vergangenen Zeiten
prachtvoll gekleidet durch
den Park Hofdamen schreiten.

Schwerer farbenfroher Taft fällt
sanft faltenreich.
bis zu den Füßen hernieder,
geschmeidig, zauberhaft, weich.
Blitzlichtgewitter stürmisch
die Damen umkreisen.
Tausend Bilder gehen auf die
entferntesten Reisen.
Historische Gewänder,
von Hand kunstvoll genäht,
sie ließen für einen Tag Traum Wirklichkeit
werden in der Bad Ischler Welt.

Böser Traum

Von einem bösen Traum wachgerüttelt
mein Herz mit Ängsten überschüttet.
Das eigene Ich mir plötzlich fremd geworden.
Im Zimmer tanzen ganze Geisterhorden.

Nebelhaft sie führen ihren Tanz
so grauenvoll, mir schaudert ganz!
Ist das ein Spiegel aus meinem Innen
mit Bildern von erschreckten Sinnen?

Das, was mir der Traum offenbart,
es wurzelt tief, ist meine unruhvolle Art.

Durchs Fenster strömt ein heller Morgenstrahl.
In seinem Glanz, des Traumes Qual
wehrlos, still in sich zerbricht.
Und es wird Tag, und – Gottseidank –
wird Licht.

Bote des Frühlings

Der Frühling weilt im frisch geputzten Garten.
Es ist schon Ende März, ich täusch' mich nicht.
In aller Früh das Sonnenlicht
mit seiner warmen Hand vertreibt die Schatten

der kühlen Nacht. Sieh nur,
wie hell der Himmel,
wie selbstbewusst blüht schon die erste Primel!
Am Fenster angelehnt, ich schau hinaus.
Noch herrscht die Morgenstille um mein Haus.

Weit weg von dir in meiner Wehlust
ich fing zu weinen an, wenn auch unbewusst.
Mein altes Sehnen, wem soll ich's anvertrauen?
Im Geiste Grübeleien schwirren ohne Ende.
Erinnerungen meine Sicht verbauen.
Resignierend dem Schreiben ich mich wende,

um zu beschreiben des Herzens Sehnsuchtsnot.
Ob der Geist dafür die Worte findet?
Ob ihre Kraft die Sehnsuchtsflamme lindert?
Ob in meinem Sprachschatz
gibt's ein solches Wort?

Die Fliederknospen, noch in sich verschlossen,
von milden Lüften eingeschlossen
Auch wenn ihre Stimmung im Moment
noch etwas wankelmütig sich verhält,
im Wettkampf mit der Zeit bald tausendfach
des Flieders Zauberdüfte werden wach.

Allein am Fenster den Wind ich nach dir frage.
Er stellt sich taub und zieht durchs weite Feld.
Zu lange schon wühlst du in meiner Klage.
Dein Schatten oft mein Licht verstellt!

Brand in der Morgenstunde

Im heißen Brand der Morgenstunde
kein Laut die Stille unterbricht.
Ein feiner Duft über dem Wiesengrunde
verströmt das blaue Vergissmeinnicht.

Ich lieg alleine in dem frischen Gras,
den Blick zum Himmel hingerichtet,
die Luft durchsichtig wie farbenloses Glas,
heut nur dem Sonnenlicht verpflichtet.

Ein Säuseln flüstert mir ins Ohr
von Zeiten, als ich ein Mädchen war.
Und helle Bilder steigen leicht empor!
Ein Traum – in seiner Tiefe
mit nichts vergleichbar.

Dankbarkeit

Alles, was in jungen Jahren
dauerhaft dir schien zu sein,
dich mit Luxuswaren lockte
die mit ihrem Glitzerschein,

ließ es leicht das Auge täuschen.
Neugierig, Neues zu erfahren,
schnellen Schritts gingst du durchs Leben
frei von Sorgen und Gefahren.

Mit dem Blick zum Licht gerichtet
schlendernd durch die fremden Gassen,
alle Not aus deiner Heimat
hast du hinter dir gelassen.

Doch niemals hast du vergessen,
wo du hast gelebt als Kind,
deine Eltern, die Geschwister,
die zurückgeblieben sind.

An deinem erreichten Wohlstand,
der anfangs dich überrascht,
haben alle deine Lieben
viele Jahre mitgenascht.

Lächelnd du mit beiden Händen
hast genommen und gegeben,
bis dir nicht mehr viel geblieben,
doch genügend noch zum Leben.

Nun, umweht vom Hauch des Herbstes
dein Geist rege, heimlich schlägt
zwischen einst und heut 'ne Brücke,
die dein Sehnen weiterträgt.

Nun erlebst du andere Zeiten,
still wie ein frommes Gebet
und mild wie Oktoberwetter.
Glücklich, wenn am Abend spät

die Luft dunkelblau sich färbt
und dir zeigt die Welt der Träume
wie ein Film aus Jugendbildern,
flutend durch verschlossene Räume.

Dann bist du der Welt verbunden,
wenn auch nur für eine Nacht!
Du schwelgst in Erinnerungen,
bis der Traum dich schläfrig macht,

der Himmel dunkelblau sich färbt
und öffnet dir die Welt der Träume.
Im Herz ein Glücksgefühl erwacht,
wenn Jugendbilder fluten
durch verschlossene Räume.

Das alte Jahr

Vor mir das Ungewisse drückt mich schwer!
Vom alten Jahr will ich mich
noch nicht trennen.
Was kommen wird,
kann ich noch nicht erkennen.
Noch sind die Blätter im Kalender leer.

Wohl bot das alte Jahr mir Freud und Tränen.
Doch jede Hürde, die mir im Wege stand
mit Mut und Zuversicht ich überwand.
Nun wird es knapp–
ich muss mich von ihm trennen.

Ich schau hinaus in die klare Luft.
Die Sonne zieht wie durch ein fremdes Land,
der Erde feindlich zugewandt
Mir scheint, dass eine Stimme nach mir ruft?!

Stumme Hoffnungen mein Herz berühren
und siehe da – die Angst verliert an Macht.
Ach, neues Jahr, du wirst mich mit Bedacht
auch dieses Mal auf rechte Wege führen!

Das Flugzeug

Am Himmel ein Flugzeug eilt unbeirrt
irgendwo zu einem entlegenen Ort.
Wer weiß schon, wie oft flog es dort,
wo der Mensch sich in Träumen verliert,
ausgehungert nach Sonne und Meer,
die Sehnsucht nach Urlaub zu stillen,
freier zu leben nach eigenem Willen,
ohne Computer, den Kopf pflichtenleer.

Den Blick nach dem Flugzeug –
in der Wiese ich sitz
und verfolge seine graue Spur.
Eine grob geflochtene Schnur,
die mit den Wolken verschmilzt.

Hinter mir der Birke üppiges Kleid
von Wärme umsäumt, in den Lüften sich wiegt.
Eintönig, ihr Rascheln Geheimnisse birgt
aus längst entschwundener Zeit.

Eine Amsel, vergnügt schwirrt ohne Sorgen,
ihre schrillen Gesänge aus Freude und Lust.
Noch genießt sie die Freiheit bewusst.
Noch hat sie keine Brut zu versorgen.

Am Rande des Weges – Vergissmeinnicht
schwelgend in Blau –
die Farbe bekam es vom Himmel.
Ich sammle Worte für ein Sommergedicht,
die mich beschenken, mit süßem Gemurmel.

Das Herz geht über

Das Herz geht über und will sich verlieren
in Worten, die ich nicht festhalten kann.
Gefühl und Vernunft, ein verrücktes Gespann,
wohnt in mir und will mich verwirren.

Und dennoch ist dies die Stimmungsmagie
meines Ichs, anders sein will ich nicht.
Dunkelheit beglückt mich
gleichsam wie das Licht.
Zwei tragende Stützen meines
Lebens sind sie.

Der Garten stürzt sich in den Sommer hinein
und lächelt vergnügt dem Himmel entgegen.
Auf seinem junganmutigen
Leib Blumen hängen,
göttlicher kann dieses Fleckchen nicht sein.

Mit weit ausgebreiteten Flügeln der Wind
trägt eine Duftwolke durchs Licht.
Unbewusst erfüllt er seine irdische Pflicht,
im Gemüt wie ein umherspringendes Kind.

Das Leben hat zwei Seiten

Das Leben zeigt sich oft erstarrt,
schwarz, trauervoll siehst du die Gegenwart.
Du magst dich selber nicht.
Stellst bitterlich die Welt infrage,
der Hölle näher, solch verwirrte Tage -
kein Mensch ein Wörtchen mit dir spricht.

Doch Gott hat dich niemals vergessen.
Bald erkennst du, wie unermessen
und heilend seine Macht.
Ein Licht durchdringt die dunklen Pfade.
Ein Geschenk aus Gottes Gnade
dich zu einem neuen Menschen macht.

Du lächelst wieder, atmest Licht
und leichter wird des Lebens Pflicht.
Sie trägt kein Leid noch Schwere.
Heiße dieses Glück willkommen,
dir gesandt als gutes Omen
aus des Himmels Sphäre.

Das will ich dir sagen

Meine innere Stimme
leis mit dir spricht
über jene beglückende Zeiten -
hörst du sie nicht?

Meine Gedanken, sie kreisen
um dich herum.
Mal wie ein Wassersturm in den Meeren,
dann wieder stumm.

In meinem leidenden Herz
Sehnsüchte rangen
Hoffnung tragend im Sinn.
Das will ich dir sagen!

Definition des Glücks

Glück ist, durch den Wald zu gehen.
Glück ist, Prüfung zu bestehen.
Glück ist, das tun, was man mag.
Glück ist ein Spätsommertag.
Glück ist, ein Gedicht zu schreiben,
Glück ist, in Balance zu bleiben.
Glück ist, in die Nacht zu sehen,
wie die Sterne aufgehen.
Glück in aller Erden Ecken,
wenn man bereit ist's zu entdecken
Glück ist, wenn du etwas tust
mit Begeisterung und Lust.
Glück scheut Zwang nach festem Plan,
doch Einladung nimmt er an.
Glück ist Heimat, Geisteshelle,
Glück – des Herzens Freudenquelle,
Herzlichst viel Glück wünsch' ich denen,
die sich nach dem Glücke sehnen.

Deine Berührung

Einmal deine Berührung war
meine Seelensucht!
Ich trank aus deinem Atem
des Lebens süße Frucht.
Doch irgendwann die Stimmung kippte um.
Ich war verwirrt und wusste nicht, warum.

Einst war dein Bild in mir tief eingebrannt.
Ich lag im Glück, weil ich dich fand.
Doch längst, ich sah dein Bild nicht mehr.
Es verlor sich in dem Lebensmeer.

Mir rann plötzlich auf der Hand
eine Träne, die ich dir sandt'
durch die Lüfte mit einem kühlen Kuss
im Morgengrau, als letzter Abschiedsgruß.

Jüngst eine Ahnung brach meine Einsamkeit
und ich suchte zaghaft nach verlorener Zeit.
Doch sie lag leblos hinter verschlossenen Toren.
Dir sei gesagt, mein Herz,
vorbei ist gleich verloren.

Der Fels

Im Drang der Freiheitslust entschloss ich mich
den Fels bis zu dem Gipfel hochzugehen.
Befreit von Not und Zwängen innerlich
mit klarem Blick der Bäume Wipfel sehen.

Am Grunde dieses Bergs seit früheren Zeiten
liegt ein Geheimnis undurchdringlich, tief.
Fantasiegedanken meinen Geist begleiten.
Kaum zu begreifen,
dass dort mal Meereswasser lief.

Seit Urbeginn in steter Zeitbewegung
der Wetterwechsel gab neue Form der Erde,
ein Abenteuer in ewiger Erregung,
ein ruheloser Kreis von.stirb und werde,

Des Lebens heißer Wille

Was uns so wirklich ausmacht,
ist unsichtbar und stumm.
Erinnerungen, Liebe, Hoffnung und Gefühle,
im Herzen liegend, mal ruhig, mal im Sturm,
aus dessen Tiefe rankt des Lebens heißer Wille.

Ob Leid, ob Glück am Tor des Herzens wacht,
wir gehen auf vorbestimmten Fährten.
Mal leichten Schritts,
mal tragend schwere Fracht,
langsam, reifend, wie die Frucht in Gärten.

Auf die Erfüllung unserer Wünsche, Herr,
du lässt uns viel zu lange warten
Im Jetzt – doch Warten fällt uns schwer,
der Ungeduld lässt du bestimmte Regeln walten.

Doch wer die Prüfung überwunden,
wird weise, er hat das Ziel erreicht.
Des Lebens rechten Weg hat er gefunden,
ein Himmelshauch hat ihm die Hand gereicht.

Dichters Träume

Aus Schwermut, Sehnsucht, Einsamkeit
entspringt des Dichters namenslose Leid.
Das lebenslange Suchen und nicht Finden
im bangen Kampf, sich selbst zu überwinden,

mit Schreiben den Geist abzulenken,
den Worten eine Stimme schenken,
die Seele vom Zwang befreien,
so ihr Leichtigkeit verleihen.

In der Welt des Traumes schweben,
aus Jugendzeiten Kränze weben,
in des Himmels Lichte schauen
fern vom schweren Alltagsgrauen.

In der Frühlingswiese liegen,
sich ans Herz der Erde schmiegen,
hauchdünn Gottes Hände spüren,
wie sie heilend dich berühren.

Atmend Seligkeit und Stille,
Blumenduft und Glücksgefühle.
Was wäre des Dichters Raum
ohne Fantasie und Traum?

Die Entfernung

Die Entfernung zu meinen Erinnerungen
ist nicht weit genug, um mich
von ihnen lösen zu können.
Sie entfliehen der Seele und dennoch
sind sie mit ihr unzertrennlich verbunden,
um den Schmerz aufrechtzuerhalten
auf eine seltsame Art,
die dem Geist unerklärlich erscheint.
Wie weit weg müssen Erinnerungen sein,
um sie zu vergessen?

Die gelbe Rose

In der schwülen Sommerluft,
lebensmüd', du atmest kaum.
Aus deinem verwelkten Flaum
steigt ein Restchen Rosenduft.

Ach, dein goldenes Gewand
glänzt nicht mehr! Du gelbe Rose,
gestern noch in stolzer Pose,
heut' liegst du in meiner Hand,

bleich, gelöst von Lebensmühen.
Furchtlos, vor dem Tode stehend,
still, den Abschied zu begehen,
hoffend, um erneut zu blühen,

in dem Kreislauf dieser Erde.
Nun will deine Seele fliehen,
Schwebend mit den Wolken ziehen,
gelbe Rose – stirb und werde!

Die Wanduhr

In der Dauer schöner Sekunden
noch leicht benommen, in der Stille der Nacht
vernehme ich Schritte,
den Zwängen entwunden
und Glückseligkeit im Herzen erwacht.

In Wollust, ich fühle sein
Kommen im Schweigen.
Doch horch – der Klang einer Uhr
stört den Traum.
Meine Blicke plötzlich trübe sich zeigen,
täuschende Schatten durchqueren den Raum.

Uhr an der Wand, mit deinen Dauerklagen
musst du mir auch die Träume erschlagen?

Die Zeit ist unbestechlich

Die Zeit – unbestechlich und stur,
ohne Beginn, ohne Ende,
stumm, schwerelos, sie kennt keine Wende,
stets gleitet dahin mit tauben Ohren.
Wo liegt ihre Quell', wer hat sie geboren?

Mit klarem Gedächtnis ausgestattet,
nichts entgeht ihr, sie sammelt emsig, sie faltet
Seiten, erlebte Geschichten,
aus aller Welt Ecken.
Vor ihrem magischen Blick
nichts kann sich verstecken.

Die Zeit – maßlos, dauerhaft,
von jeglicher Regung befreit,
stellt keine Fragen, verspricht nichts,
bejaht nichts, nichts vereint
überall ist sie da –
sie erkennt kein irdisches Haus.
Im Universum dehnt sie sich
nach ihrem Gutdünken aus.

Unter der Last beklemmender
Fragen krümmt sich mein Geist
nach dem Ursprung der Zeit,
der in meinem Kopf kreist.
Er sucht eine Antwort in dem
endlosen Raum der Zeit!
Müde ich blick wie die Sonne
in das Abendrot eilt.

Was verbirgt sich dahinter,
was bewegt sich, was ruht?!
Ihr lästigen Fragen, ihr macht
meinen Geist noch kaputt.

Dir Himmelsvater

Dem Flüstern der Natur zu lauschen,
des Sommerregens süßes Rauschen,
der Flug von bunten Schmetterlingen,
in diesen gnadenreichen Stunden
mit Freudentränen meine Augen ringen.

Liegend in der Sommerwiese
über mir der blaue Riese,
wolkenlos, unendlich weit,
in seinem verträumten Antlitz
spiegelt sich die Ewigkeit.

Eine Brise durch das Land,
sanft wie eines Kindes Hand.
Zauberreich, behaucht mit Glück
streift für einen Augenblick
lächelnd mein zerzaustes Haar.
Welcher Gottheit Schoß gebar
diese Macht, die unsichtbar?
Meinen Dank schick' ich durchs All
großer Gott dir tausendmal!

Dir Uschi

Der Beginn des Lebensherbstes
ist die größte Zeit,
wenn die buntbemalten Blätter
reifen in der Einsamkeit.

Farben von Orange bis Rot,
göttlich diese Pracht!
Man begleitet deren Tod
treu bis in die Nacht.

Man darf ihre Düfte riechen,
sich entzücken, streicheln lassen
von der sanft bewegten Brise
so das Glück verprassen.

Stehend auf der höchsten Stufe
siehst du, liebe Ursula,
wie des Lebens Wipfel blinzelt,
angstbefreit, zum Greifen nah.

Feierlich hebt er die Blätter
voller Würde dir zum Gruß.
In vertrauten Klängen flüsternd:
„Lang noch deinen Lebensfluss!"

Dort am Eck des Gartens

Dort am Eck des Gartens, wo eine Birke
himmelhoch ragte,
ihr weißer Stamm
auch in der Nacht leuchtete,
blüht jetzt ein Strauch weißer Flieder,
als hätte er die Farbe
des Birkenstammes übernommen,
um für sie weiterleuchten zu dürfen.
Durch die Frühlingstage und Nächte
sein leiser Atem
haucht dem Licht einen lieblichen Duft ein,
als wäre er die Quintessenz
aller duftenden Blumen!

Du leuchtender Himmel

Du leuchtender Himmel,
mein schützendes Dach,
erhelle meinen Geist, lass meinen Blick
hinter die Mauer deines Ursprungs
einen Hauch deines Geheimnisses erhaschen.
Die Sehnsucht meiner Seele wandert
durchs ganze Leben, um die Ferne zu erreichen,
wo sie sich hingezogen fühlt.
Dort, wo die Erinnerungen erlöschen,
die Gefühle sich neutralisieren,
die Stimme verstummt,
dort, wo das Licht keinen Schatten kennt,
dort erhofft sich mein Geist
Trost und Erleuchtung.

Du liegst in der Wiese

Du liegst in der Wiese,
Nnben dir die Einsamkeit,
wie eine banale Existenz
aus dem Nichts geboren.
Du denkst über dein Leben nach!
Erinnerungen kennen keine Gnade
und kein Vergessen.
Sie sind Vergangenheit,
die im Schatten der Gegenwart leben.
Ihnen entgeht nichts.
Ihre wahnwitzige Verfolgung
endet mit dem Stillstand
deiner Herzschläge.
Nur dann, die Seele, befreit von irdischer Last,
wandert in das Reich der Ewigkeit.
Dein unsichtbar gewordenes Ich,
selbst zur Erinnerung geworden,
bleibt im Gedächtnis der Erde,
ohne Gestalt, ohne Gesicht,
nur Staub eines Grabes,
der den wuchernden Rosen
Kraft zum Blühen spendet!

Du rennst und weißt nicht wohin

Erstarrte Morgendämmerung im Februar
durch noch vereiste Zweige
blickt schräg das Frühjahr.
Der kalte Nordwind fauchend,
drosselt seine Strenge
und wirft sich durch die
Luft ins Astgedränge.

Du, allein am Fenster, blickst ins diffuse Licht!
Der Sehnsucht Stimme weinend mit dir spricht.
Des Tages Treiben wächst, wenn auch Betrug,
so gehst du mit, mit diesem Trauerzug!

Am Rand des Weges,
die Weiden tröpfeln Tränen,
du siehst weg und willst nur rennen, rennen.
Dich fragend, suchend nach dem Lebenssinn
und hoffst und rennst und weißt nicht, wohin!

Dunkelheit

Magisch zieht mich an die Dunkelheit!
Wie ferngesteuert lauf ich ihr entgegen.
Sie hüllt mich ein in ihrem schwarzen Kleid,
während am Fenster tobt Novemberregen.

Nimm mich zu dir, lichtscheue Nacht,
du Vertraute und Verfluchte mir zugleich.
Schenk mir den Schlaf und
halte um mich Wacht,
lass mich versinken in dein Traumreich.

Entbinde mich von schwerer Tageslast.
Mit deinen Küssen will ich mich betrinken
die ganze Nacht, als dein getreuer Gast,
denn morgen gnadenlos mir
neue Pflichten winken.

Düstere Eindrücke

Dort, wo Hang und Himmel sich berühren,
am Horizont, im schattenhaften Licht,
Wolkenzüge Schaudertänze führen,
Zornesfalten tragend im Gesicht.

Unbehagen setzt sich in dir fest!
Dem zu entkommen du flüchtest in den Wald.
Doch auch hier wandelt durchs Geäst
Novemberluft unfreundlich, feucht, kalt.

Wie trostlos, schwer und grau das Abendzelt!
Auf schmalen Pfad du gehst
mit kleinem Schritt!
Im Todeskleid das Laub zu Boden fällt,
der Nebel Tränen weint, und du weinst mit!

Düsteres Licht

Vor deinem Fenster dehnt sich ein grünes Feld,
das kühle Wetter kümmert es nicht.
Die Winterweizenhalme in ihrer Robustheit
trotzen dem Wetter – sie leben und gedeihen
solange, bis die Schneedecke
sie behutsam umhüllt.
November lässt ungewöhnliche Milde walten.
Sinnend betrachtest du die Landschaft!
Jeder Weizenhalm ist von der
Stille durchdrungen.
Das düstere Licht prägt seine Farbe,
die schweigend in Dunkelgrün sich verwandelt,
der Jahreszeit angepasst.
Und doch – du siehst durch die Zeit
im Gold eingehüllt die reif gewordene Ähre,
das Brot, Gottes teuerste Gabe
an die Menschheit.
Nirgends ist sein Wirken gütiger
als in diesem segenreichen Weizenfeld.
Dankbarkeit und Demut umfassen dich.
Danke!

Ein Gänseblümchen

Ein Gänseblümchen ganz allein
auf noch kalter Heide
winkt der Welt jungfräulich rein
in seinem Brautkleide.

Ein Schneckenehepaar

Ein Schneckenmann, nicht mehr so jung,
man merkte es an seinem schwachen Schwung,
kletterte auf einen Kopfsalat
und aß begierig Blatt für Blatt.
Seine Frau kam hinterher.
Schlank, adrett, nicht so wie er,
und schrie ihn an: „Du bist zu fett,
dein Platz wird eng im Ehebett.
Ich lass mich scheiden",
sie verspricht. Sagt er:
„Ist gut, doch verhungern will ich nicht."

Einem verehrten Dichter

Wenn ich in deinen Werken lese,
aus jedem Blatt schwillt Schmerz empor.
Weinend aus dem Jenseits, deine Stimme,
wie Orgelklang, erreicht mein Ohr.

Die Dichtungsschönheit zauberhaft hast du
für die Nachwelt festgeschrieben immerdar.
Im Herzen ein Romantiker, Zeit deines Lebens,
im Geiste ein Genie, das unvergleichbar.

Als Suchender, von Sehnsüchten getrieben
dein Dichtergruß, wo du auch immer schrittest,
erhallte herzberührend, leidenschaftlich,
wie tief in deiner Seele du littest!

Dein Geist, nach großem Schaffen dürstend,
hat die Menschenträume fest gehalten,
mit Feinstgefühl in Poesie verwandelt,
umhaucht mit Frömmigkeit für alle Zeiten.

Du warst bestrebt in deinem kurzen Leben
nach der reinen Liebe, nach Gerechtigkeit.
Jeder Mensch soll in Freiheit
sein Dasein gestalten,
der Erde Reichtum gerecht geteilt.

Empört sahst du die präpotente Klasse,
wie sie das Volk zum Untertan sich machte.
Im Rausch der Macht, im Wohlstand
und Genusse
jeden Tag sie feierte und lachte.

Enttäuscht du schriebst deine Gedanken nieder,
bemüht, aus Damals nichts zu übersehen.
Die scharfe Ironie in deinen Zeilen
wird weiterhin Epochen überstehen.

Dein Tod, der es leider viel zu eilig hatte,
hat dich der Welt grausam entrissen,
verarmt, im Geist umnachtet,
in einem Irrenhaus,
an den Gedanken mir die Tränen
strömend fließen.

Die Leere blieb, auch jetzt nach vielen Jahren,
dein Ausdrucksschliff gelang keinem Poeten
in der rumänischen Literatur,
sie zu übertreffen.
So tragen deine Werke weiterhin unangefochten
die höchste dichterische Souveränität.

Einsam

Vollmond hält am Fenster Wacht.
Müde sein, Schlaf kennt er nicht.
Stets im Wandel sein Gesicht.
Langweilt, träumt sich durch die Nacht.

Tief berührt von seinem Frieden
bleib' ich still am Fenster stehen.
Kühl, der Wind fängt an zu wehen,
so den Frust zu überwinden.

Sein ursprüngliches Gelalle
wie ein Dauerleiden stöhnt.
Selten wird ihm Rast vergönnt,
so durchstreift er Berg und Tale,

und lässt im Vorüberziehen
Gräser zittern, Bäume wehen.
Sein Gesicht kann niemand sehen.
Sein Los – Teil der Erde Sinn!

In mir drin lebst du noch immer!
Jeder Schritt sich schwer bewegt.
Das Herz Sehnsucht, Schmerzen trägt.
Wie erschreckend leer mein Zimmer!

...

Einsamkeit komm mit

Hat die Einsamkeit bei mir
einen Dauersitz gefunden?
Oder will sie sich erkund'gen,
ob ich billige ein „Wir",
Ein Zusammensein mit ihr,
um die Seele zu gesunden?!

Wer kann Einsamkeit verstehen,
wenn auf die verfluchte Weite
stummes Leid an ihrer Seite?
Doch ganz gleich, ob falsch, ob richtig,
stille Einsamkeit macht süchtig.
Mit ihr will ich weitergehen.

Dort, wo Himmelslichter prangen,
wo ein Ende hat das Suchen,
wo kein Neid und kein Verfluchen,
Sehnsucht findet ihre Ruh.
Bist mit ihr auf Du und Du,
keine Not gibt's zu beklagen.

Einsamkeit bring' mich ans Ziel.
Meinst Du, ich verlang zu viel?
Freundin, sei auch dir gewiss,
du darfst mit ins Paradies!

Elternhaus

Was ist aus dir geworden, kleines Haus,
wo ich so oft als Kind ging ein und aus?!
Du, meine ferne Heimat, wohin ich auch gehe,
Begleitet mich im Herzen
deine vertraute Nähe.

Wo blieb der schöne Garten,
der meine Zuflucht war?
Still meine Jugendträume
barg einst Jahr für Jahr!
Wie fern bist 'du, o Kindheit,
wie trübe deine Welt,
Erinnerung von damals,
am Saum der Zeit zerschellt

und bleibt konturenlos hinter versperrter Tür.
Die Zeit, ach wie vergänglich,
verwirrt, ich staune nur.
Warum mein Ich so klammert,
wenn alles flüchtig ist?!
Du arg zerrissene Seele,
ein Knecht des Leids du bist.

Ende einer Liebe

Wenn du begreifst, dass der Moment gekommen
aufzuhören, ihn zu lieben,
verfluchte Schmerzen an deinen Nerven ritzen
tiefe Wunden, die das Herz durchdringen.

Die Zeit mit ihm ist nun vorbei.
Unwiderruflich! Mit Ende dieser Liebe
die Traurigkeit sinkt leise in dir nieder,
im Dunkel klagend ermatten seine Bilder.
Um dich herum ist alles öd und trübe!

Entwurzelte Buche

In den Wald hinein zieht mich die laue Luft.
Eine vertraute Stimme von
weitem nach mir ruft.
Unter dem dichten Laub und
kletternden Lianen
stets die Quelle säuselt,
als wär' es leises Weinen.

Auf einen Buchenstamm –
gefällt vom Sturm einmal –
fällt müde durch die Äste ein
schmaler Sonnenstrahl.
Ein Stamm von seiner Größe
aus alten Baumkreisen,
wie konnten seine Wurzeln vom
Sturm sich niederreißen?!

Verdorrt und arg zerrissen,
dem Staube verdammt
den letzten Dienst er bietet dem Wald,
von dem er stammt.
Noch eh der dunkle Schatten
für immer ihn lässt schwinden,
in seiner morschen Rinde soll Kleingetier
Schutz finden.

Es wird schon werden

Auf dem erdenweichen Bett alleine liegen,
atmend tief den Staubduft im Stillen,
während Birkenäste wie im Tanz sich biegen
und die Wolken mit dem Himmel spielen.

Deine Gedanken wandern
durch das Land der Träume.
Leidend sehnst du dich –
nach wem? – Du weißt es nicht.
Des Windes Atem zieht durch die hohen Bäume.
Im Geiste spinnst du schweigend ein Gedicht

und schickst es durch die weite Himmelswelt,
stark hoffend, dass die Zeiten
sich doch wenden,
dass Herz und Seele das Gleichgewicht behält,
im Stillen sinnend – ach, es wird schon werden!

Fallende Dunkelheit

Die Erde ergraut, die Nacht liegt in Trauer.
Die Welt ist durchdrungen
von feindlichem Schauer.

Sternengesichter, verzerrt sie erscheinen,
als würden sie in sich das Böse vereinen.

Der Wald hüllt sich ein im schwarzen Gewand.
Kein Laut ringsum, verstummt ist das Land.

Der Mond steigt gemächlich über das Land
und reicht der Nacht seine wärmende Hand.

Doch bald von Osten ein flackernder Schein
zeigt sich in Frische und Helle kehrt ein.

Ein steigendes Rauschen aus dem
unweiten Haag
grüßt Freude strömend den nahenden Tag.

Fantasie

Um dich, den es ja gar nicht gibt,
meine Fantasien ranken.
Verse, die ich dir gewidmet,
alle stummen Wunschgedanken.

Nächtens durch das Traumgefilde
hat mein Geist hochstilisiert
aus nichts ein Phantomgebilde,
welches mir vor den Augen schwirrt.

Morgens aus dem Schlaf erwacht
meine makellose Welt,
die hell gleißte in der Nacht,
in des Tages Licht zerfällt.

Einsam ich durchs Fenster blicke,
fremd zeigt sich des Tages Raum.
Du, lichtscheuer Geist, bleib ruhig.
Nach dem Tag kommt Nacht, kommt Traum.

Farbenspiel

Farbenspiel, in Gold schattiert,
grüßt die Sonne, wandert mit.
Wind steht still und stumm.
Dahlien, dem Licht zu Ehre
leuchten als ob Sommer wäre.
Ruhe vor dem Sturm?

Im Tal feierliche Stille,
Spätherbstluft und Morgenkühle.
Ruhig ist's im Walde.
Früchte hängen schwer am Ast.
Der Tag noch vom Licht umfasst.
Ist's zu viel der Gnade?

Hoch am Hang in Weiß und Blau
schimmern aufgetan zur Schau
Trauben prall gefüllt.
Sonne blickt vom Himmel, schräg
gleitend, zieht sich hinter'n Berg
müde und gekühlt.

Verwandlung – das Gesetz der Welt,
ihr Ziel sie niemals verfehlt,
ein schöpferisches Drehen.
Bist du allein? Nimm meine Hand,
lass uns durch das geliebte Land
glücklich zu zweit gehen.

Nach einem Urlaub im Burgenland

Fernweh

Aufs Bett der Zeit, des Sommers satt, allein
hat sich der Tag zum Schlafen hingelegt.
Verschleiert, träumt sich in den Herbst hinein,
atemlos, der Wind kein Blatt bewegt.

Von Gedankenstürmen überflutet
mein Geist sucht Stille in der Einsamkeit.
Doch die Erinnerungen,
die noch nicht verschüttet
stöbern wild in die Vergangenheit.

So bleibt am Leben diese Teufelsflamme!
An ihrer heißen Glut mein tiefes Sehnen
verzehrt sich – ach, wie oft ich sie verdamme,
verglühe, werde Asche, hör
endlich auf zu brennen!

Mach frei den Weg zu unbekannten Weiten,
das Fernweh steigert meine Wanderlust.
Wohin ich geh, Gott wird mich stets begleiten
auf meinem Pfad, bin mir seines Heils bewusst.

Föhnluft im Dezember

Dezembernacht in Föhnluft eingebettet,
sie freut sich, dass der Winter sich verspätet
und lächelt selig in das Vollmondlicht.
In dieser ungewöhnlich lauen Winternacht
die kahle Birke aus dem Schlaf erwacht
Wie seltsam sie mit ihrem Schatten spricht!

Ich bin allein im Haus,
im Herzen Sehnsucht trage,
im Aufruhr der Gefühle,
ich hör des Lebens Klage
wie ein Gesang des Todes, der in mir klingt.
Du laue Nacht, nimm mich auf deinen Schoß.
Schenk mir Geborgenheit und
lass mich nie mehr los.
Wie leis' durchs Feld der Wind
sein Schlaflied singt!

Frag nicht, warum

Gekühlt, die Liebe ging zur Neige,
ohne Reue, stumm.
Geh' deinen Weg allein und schweige
Und frage nicht, warum.

Die Abschiedshärte sich verliert
ins weite Nichts.
Mit dir verliert sich auch dein Bild
im Grau des Morgenlichts.

Ein Traum zerrinnt, ehe glühend tagt,
ringsum die Einsamkeit.
Mein Herz ein neues Hoffen wagt,
ein neues Leid?

Freundin Muse

Der Tag hat seine Augen zugemacht
Im dunklen Schatten wie klein die Häuser sind!
Im Buchenwald entschlief der Wind
betäubt von traumschwerer Sommernacht.

Du bist noch wach in deiner Einsamkeit.
Mit Wehmut denkst an längst verglühte Tage.
Das wunde Herz ist nicht mehr Herr der Lage.
Kann's nicht vergessen,
wie schön es war zu zweit!

Trostlos, du siehst in die besternte Nacht,
enttäuscht und liebesleer, verarmt im Hoffen,
von ihm getrennt, noch immer tief betroffen,
der Schlaf bleibt fern von dir die ganze Nacht.

Doch horch, von oben eine Stimme hallt.
Ihr milder Klang die Stille unterbricht,
deren vertrauten Ton erkennst du bald.
Ach, Freundin Muse,
du schenkst mir wieder Licht

und machst mir Mut, ein leeres Blatt zu füllen
mit Worten, die den Geist durchwandern,
befreit von quellenden Gefühlen,
so rette ich mich von einem Tag zum ander'n.

Frühmorgen Gespräch

Nichts kann dich so nah berühren
als mit dir selbst Gespräch zu führen.
Stundenlang, befreit von Tagespflicht,
umgeben von der Stille und bei Kerzenlicht.
Im Einklang mit dir selbst den
Herzschlag hören.
Lebenstöne, die dein Ohr betören,
frei im Geiste und auf Nichts besinnen,
aus der Stille kühne Träume spinnen.
Du, mit dir so nah beisammen
das scheue, stumme Glück umarmen.
Um dann, zu neuem Ziel gesonnen,
das dir vor langer Zeit entronnen.

Durchs dunkle Fenster in den Himmel blicken,
dem Gott ein Dankeswörtchen schicken,
mit Herz und Geist auf gleicher Wellenlänge
entkommst du so dem grellen Weltgedränge.
...

Frühlingsnacht, Sinnbild der Seligkeit,
in ihren blauen Augen du siehst die Jugendzeit.
Unsäglich rein, doch fern das Bild sich zeigt.
Unschuld Ikone, vor der dein Herz sich neigt.
Von ihren Zauberfarben fast geblendet
du willst, dass dieser Traum niemals endet.

Im bleichen Schimmer der lauen Sommernacht
des Dichters süßes Weh in dir erwacht.
Du lauschst zuckend dir wohlvertrautem Klang.
Es ist des Herzens rätselhafter Sang.
Deine Sehnsucht wächst unermessen,
in diesem Wahn du willst dich selbst vergessen.

Doch wie ein Wunder vernimmst du innerlich,
wie eine Stimme spricht mit
deinem eigenen Ich,
Vertrauen schenkend dieser Stimmenmacht
freust dich und lobst die monderhelle Nacht.
Kraftlos gewordenes Weh, verwirrt zerrinnt
und neuer Lebenswille wieder Hoffnung spinnt.
Ein warmes Licht dich wundersam umgibt,
lass dich führen, Herz – du bist verliebt!
Wenn auch dein Blut vor Freude stark gerührt,
bleib ruhig Herz, wohin auch der
Weg dich führt.
Ob das neu erlangte Glück dir treu sein will
oder ein neuer Sturm hat sich gesetzt als Ziel,
bleib ruhig Herz, und warte still
und gönne dir das weiche Wohlgefühl.

...

Die Nacht hebt sich und wandelt hintern Berg,
noch schattenhaft, das Licht fällt schräg.
Dein Blick verliert sich in der Himmelshöhe.
Dem Licht vertrauend hebt
sich der Tag aufs Neue
und streut über den noch verdorrten Gärten
Blütenfrische, und lässt sie Frühling werden.

Die Uhr der Ewigkeit kennt keine Rast,
der Allunendlichkeit zielsicher angepasst.
Da auch du auf dieser Welle treibst
und weißt nicht, wie lang
auf Erden du verweilst,
lass des Herzens Flamme lodernd brennen,
bleib neugierig, hoffnungsvoll
und bleib im Rennen.
...

Wie schwungvoll Amseln ihre Lieder singen,
lass mich, o Frühling, in Freud
die Zeit verbringen.

Führe mich nach Hause – Einsamkeit

Auf Sommerwiese liegend träum ich so dahin,
eine leichte Brise streichelt meine Stirn.
Seltsam süße Klänge aus der Ferne kommen -
vage Himmelsbotschaft – wie ein gutes Omen
meinen Geist durchströmen,
ich im Glück verweile,
still, gedankenfrei, ohne Hast und Eile.
Das Herz schlägt besonnen
im gedämpften Brand,
über mir der Himmel, blau und weit umspannt.

Einsamkeit, wie mächtig bin ich dir verfallen!
Lass mich tiefer sinken in die süßen Qualen.
Heiße willkommen mein gehetztes Leben,
schicksalhaft verbunden,
lass uns Träume weben.
Nur durch dich ahne ich Gottes Ewigkeit.
Nur durch dich erleb' ich im
Geist die Jugendzeit.
Tröstend führst du mich
mit unsichtbarer Hand,
deine stumme Treue hat wurzelnden Bestand.

Der Abendsonne folgend –
müd' blickt der Tag umher,
macht freie Bahn der Nacht,
die Luft fällt schwer.
Noch eh' es dunkel wird, mach dich bereit
und lass uns heimwärts taumeln – Einsamkeit!!!

Funkentanz

Die Stille ist von Finsternis umgeben.
Konturenlos die Luft das Feld umspannt.
Im trüben Herbstgewölk ein leichtes Beben,
ein Fenster hat's geöffnet an dem Himmelsrand.

Im gold'nen Kleid der Mond schwingt
leicht den Funkentanz.
Glühwürmchen schwirren in dem hohen Gras.
Getränkt im Glitzerfeuer ganz,
das Schauspiel steigert sich im Übermaß.

Tausend Sterne, ihr bleiches
Licht verschwenden.
In blauem Schatten ruht die müde Welt.
Auf Antworten du wartest,
die niemals kommen werden
zu Fragen, die du nie gestellt.

Geboren für die Ewigkeit

Ich übersah von so viel Nacht,
wie durch das verträumte Feld
mit warmer Hand die Frühlingswelt
streute die verjüngte Pracht

übers Land – und siehe da,
wie es keimt und blüht und glänzt.
Wachstumslust an Wunder grenzt,
wenn Gotthauch der Erde nah.

Die Verwandlung mächtig, still
durch die Erde macht die Runde.
Ach Natur, an deinem Spiel
Himmelswunder liegt zugrunde.

Ein stummes Glück, ein leiser Ruf,
ein leichtes Zittern durch die Zeit.
Was für ein Rätselwerk Gott schuf,
geboren für die Ewigkeit!

Gelber Schmetterling

Wer gab dir die Kraft,
aus deiner engen Hülle
zu entkommen?
Woher das Selbstverständliche,
das dich durch die Lüfte
im fliegenden Tanz
mit goldenen Flügeln
als Wunder dieser Erde
in die Freiheit führt?

Von wärmender Sonne belebt
entfaltet sich deine erlesene Schönheit.
Bei deinem Anblick
drängt sich die Frage auf,
welch Gottheit dich erschuf,
du wundersames Wesen,
so kraftvoll und doch
so zerbrechlich zugleich!

So viel Vollständigkeit
in so kleiner Gestalt!
So viel Zauber dem Sommer du verleihst!
Mit zurückgebogenem Kopf
schaue ich dir nach.
Aus deinen Schwingen
entnehme ich den Gruß des Himmels.
Für Augenblicke erahne ich seine Unendlichkeit.

Geliebte Stadt – Linz

Ich sehne mich nach dir, geliebte Stadt!
Noch heut ist mir vertraut jedes Ding,
das schmerzlich an mir zehrt,
ich seh den Winklerwald,
wo ich mit meinem Hund spazieren ging.

Der Froschberg, der mein Zuhause war,
die Burg, den Kirchenturm,
die schmalen Gassen,
Gasthaus Wienerwald mit Blick zur Donau,
ach Linz – ich wein um dich –
fühl mich verlassen!

Dein Bild stets gegenwärtig,
ich suche deine Nähe,
den alten Dom, das Atrium, die Promenade,
wo ich in meinen Träumen
entlang der Donau gehe,
vorbei am Brucknerhaus mit seiner Glasfassade.

Das zauberhafte Lentos,
ein Hauch der großen Welt,
ein Glanzgebilde, Symbol moderner Pracht.
Das glamouröse Theater, beseelt, lichtumstellt,
da, wo des Künstlers Herz voll Freude lacht.

Die Sehnsucht bebt und glüht
im Brand des Schmerzens.
Hörst du es nicht? Ich ruf dich manchmal leise
voll Wehmut! Du Heimat meines Herzens,
die Fülle der Erinnerung ist meine Seelenspeise.

Das Leben riss mich von dir fort,
von allen liebgewonnenen Bildern,
verpflanzte mich in einem fremden Ort,
doch nächtens meine Träume
tröstend von dir schildern!

Getrost im Herzen

Mit schwacher Sonnenkraft der Spätherbsttag
kämpft sich heroisch durch die Nebelschwaden.
Rundum betrübte Stimmung und
dumpfer Möwenschlag,
während Seelenwellen an das Ufer branden.

Die Nacht ist kühl.
Von Sehnsuchtsweh getrieben
zieht mich an ein hoffnungsvolles Ziel,
ein Lebenswunsch, der offen noch geblieben.
Ich will dorthin, wenn auch Gott es will.

Und taste mich im Schweigen Schritt um Schritt
getrost im Herzen, im Gepäck Vertrauen
und alle meine Träume nehm ich mit,
Wegweisend einen Lichtschutz um mich bauen.

Der Tag ringt mit dem letzten Nebelrest.
Mein Blick, entrückt, will über Zeiten sehen,
wo meine Ahnen im Strahl des Todes fest
mit der Ewigkeit im Einklang stehen.

Gewittertoben

Vom Winde getragen aus dem hohen Gebirge
dunkle Wolken umzingeln das Tal,
beladen mit sprühenden Blitzen
und arg bedrohlichem Strahl.

Feindselig tobende Wellen,
dumpf fließen sie mit dem Wind.
Schatten verdunkeln die Dörfer
und Häuser im Nu werden blind.

Vom Sturme gerissen die Bäume entwurzeln,
wütende Donner durchpeitschen die Luft.
Das Tal eingekesselt von Mauern
des Schreckens,
der Flut zu entkommen vergebens versucht.

Beängstigt das Herz zuckt im Entsetzen
und zittert, und wartet auf das Ende der Flut.
Kniet nieder und betet und hofft,
die Vernichtung
bald weiterzieht und sich reinigt die Luft.

Doch siehe da, die Tropfen des Grauens
in Rückwärtsbewegung auf himmlischen Pfaden
rauschen dahin in die endlose Ferne
dort, wo die Wut ist entstanden.

Ein Blitz, noch ein letzter über das Feld
bricht die entladenen Wolken entzwei.
Herz, freue dich, der Schreck ist entschwunden,
der Himmel ist wieder freundlich und frei.

Gleich einem Reisenden

Gleich einem Reisenden,
von Sehnsucht getrieben,
suchst du nach jenem Licht,
um dein Innerstes zu erhellen.
Angst umfasst dich,
hält dich fest
im Schatten deines Daseins.
Deine fragenden Blicke
wendest du dem See zu,
der sich am Rande des Weges ausdehnt,
unruhig schwingend
wie deine rastlose Seele.
Du bleibst noch eine Weile stehen
dort am holprigen Weg,
sinnend, in tiefem Fühlen schweigend.
Ein kurzer Tagtraum berührt dein Herz
und urplötzlich zieht er vorbei.
Wie beglückend und täuschend zugleich
die Träume sein können ...
Du gehst den Weg weiter,
winkst dem See zu,
wo der Traum sich verflüchtigt hat.

Graue Tage

Wenn im Herbst die grauen Tage
kalte Zeit der Welt verkünden,
nagt in mir die alte Sehnsucht
nach der Sonne, nach dem Süden.

Wo die Lüfte mild sich zeigen,
wo im Park und in Alleen
schwelg'risch die vom Wind liebkosten
schlanken Palmenstämme wehen.

Mitternacht, Novemberschwärze.
Himmel ohne Mond und Sterne,
bitter klagend, kalt im Herzen
nach dem Süden ich mich sehne.

Ach, mein Herz, hör auf zu klagen.
Denn aus deiner Sehnenkluft
eine Stimme aus dem Süden
immer näher nach dir ruft.

Grübel in der Nacht

In später Nacht missmutig und verlassen
beim Tisch alleine beweinst du dein Geschick.
Die Jugendzeit, die einst dein Herz beglückte
Siehst du heute mit betrübtem Blick.

Erschöpft, geängstigt, grübelnd ohne Sinn
über das, was war, was ist,
und was wird kommen,
du siehst die Nachtgespenster
durch den Garten zieh'n,
fratzenhafte Schatten, gruselig,
verschwommen.

In deinen Geist schleicht sich die Müdigkeit.
Du möchtest schlafen,
doch der Schlaf kommt nicht.
Ringsum kreist unentwegt die Einsamkeit.
Du grübelst weiter, bis der Tag einbricht.

Harmonie

Nimm meine Hand in deine
und sag kein Wort.
Der Glanz der Abendscheine
verlässt den Ort.

Der Tag zieht sich zurück
aus der Welt Gewühl.
In diesem Augenblick
um uns ist's still.

Wie reich macht uns das Schweigen,
uns näher bringt,
die Herzen ruhig schlagen,
gleichgestimmt.

Heimatlicht

In dieser Abendstunde
du gehst den Weg allein.
Entlang des Waldes Grunde
des Baches klarem Schein.

Du willst der Angst entrinnen,
der herben Einsamkeit.
Doch tiefe Schatten spinnen
dich in die Dunkelheit

und stärken deine Schwere.
Du fragst nach Sinn und Ziel
und nach des Lebens Lehre
und weißt: du fragst zu viel.

Wenn auch die Schritte träge,
wenn auch trüb die Sicht,
du suchst auf spätem Wege
ein kleines Heimatlicht.

Will Gott, so wirst du spüren
eine vertraute Hand,
die sorglich wird dich führen
ans Ziel ins Heimatland.

Heimatloses Du

Stille, Dunkelheit,
bange Geisterzeit,
Nacht geheimer Sinn.
Windes Symphonien
mit den Wolken ziehen,
wer weiß, wohin ...

Himmel ohne Träume,
blätterlose Bäume,
sehnsuchtsvolle Zeit.
Welk, die Schöpfung trauert,
in den Ecken lauert
die Vergänglichkeit.

Leere, Wehmut, Schweigen,
lustvoll um dich reigen,
Heimatlose du.
Weiten nach dir rufen
hin zu neuen Stufen,
rastlos immerzu ...

Heimkehr des Glücks

Aus dem lauten Tag alle Gedanken
finden wieder ins traute Heim zurück.
Und alles, was dich hielt in schweren Schranken
trägt nun ein stilles, ruh verklärtes Glück.

Im Raum flackert ein gedämpftes Licht.
Du hörst den Regen wie auf Dächer prallen.
Geborgen lässt du dich in weiche Kissen fallen
mit einem leichten Lächeln im Gesicht.

Der süße Schlaf lockt dich in seinen Traum.
Wie aus der Ferne hörst du noch den Regen.
Wohlvertrauter Friede füllt den Raum.
Das Glück ist heimgekehrt aus seinen
Wanderwegen.

Herbst meines Lebens

Es ist soweit, der Herbst hat mich erreicht.
Des Lebensbaumes Blätter färben sich.
Noch gestern strahlte er im Kleid der Blüten.
Seine grünen Zweige trugen mich,

durch frühlingshafte Zeit,
im Rausch der Freude.
Im süßen Drang, stets Neues zu entdecken,
von der Jugendflamme hell begeistert,
lächelnd, an der Lebensfrucht zu lecken.

Mit der Sonne durch die Welt verreisen
als Heimatlose – Weite war mein Ziel.
Für mich war Rast ein Wort ohne Bedeutung,
das Leben, unbeschwertes Kinderspiel.

Unwiderstehlich lockte mich die Ferne.
Ich hielt mit der Verlockung munter Schritt.
Auf der langgestreckten Wanderreise
liefen auch die Träume selig mit.

Nun weiß ich, dass ich mich im Kreis drehte,
da ich Fata Morgana vor mir sah,
deren Schein mir glaubhaft suggerierte,
ich wär dem Paradise nah.

Der Übermut von damals legte sich.
Erinnerungen, wie Schatten durch den Geist,
nicht schmerzerfüllt, nicht klagend,
ziehen vorüber,
die lebenslange Sammlung Reife heißt.

Sei willkommen Herbst in meinem Leben!
Ich grüße dich in stummer Dankbarkeit.
Der Abschied von der Jugend ist vollzogen,
so hat nun einmal alles seine Zeit.

In stillen Stunden auf mich allein gestellt,
getrost im Geiste, sinnend vor mich hin.
So find' ich Antwort nach dem Sinn des Lebens.
Das Dasein selbst ist Glück und Lebenssinn!

Herbstankündigung

Ein leises Stöhnen aus des Berges Höhe
auf Wolkenflügeln gleitet leicht zum Tal.
Aus seinem Ton vernimmst du ein
Gefühl der Reue.
Du hörst des Laubes Weinen, herber Schall!
Der Herbst kehrt ein wie jedes Jahr aufs Neue,
wie leer des Himmels großer Saal!

Schon bald der kühle Nebel übers Land
wird grauen feuchten Schleier ausbreiten.
Das Feld mit seiner kalten Hand
wird sich das Ruhebett bereiten,
umhüllt im dunklen Gewand
bewahrt es seine Träume aus den
Sommerzeiten.

Herbstelegie

Im Gleichklang das Jahr unaufhaltsam, leise
umblättert im Kalender neue Seiten.
Ein stiller Durchgang aus goldgefärbten Zeiten
macht sich bereit für eine kalte Reise.

Schon mischt sich Nordluft
schaurig ins Geschehen.
Klaglos, in schwerer Nebelluft
erstickt das Land, der Winter ruft.
Im Totenflug die Blätter mit dem Winde wehen.

Wohl hat der Reif den Garten arg versehrt.
Durch langgezogene Schatten zieht Kühle.
Erstarrt, der Erde Atmen hält nun stille
im Sog der Feuchte, tief in sich gekehrt.

Die letzten Früchte blinzeln
in dem fahlen Licht.
Zum tiefen Schlaf bereitet sich das Land.
Schweigend, ängstlich,
mit welk gewordener Hand
deckt zitternd sein erkaltendes Gesicht.

Zum Abschied noch ein letztes Aufbäumen.
Am Horizont im Glanz der Gloriolen
einen warmen Kuss schenkt
uns der Herbst verstohlen.
Ein Restchen Glück aus
seinen Sommerträumen.

Die Nacht bricht ein, dir ist im Herzen bang.
Ringst mit dem Schicksal im
Chaos der Gedanken.
Gespensterhaft die Schatten um dich ranken.
Du hörst des Herbstes Schritt zum letzten Gang.

Zwischen Traum und dem wahren Sein
in dem verzwickten Netz des Lebens
du suchst nach deinem Glück vergebens,
denn deines Glückes Schmied bist du allein.

Herbstmelancholie

Einsam steht die alte Buche auf dem
langgezogenen Feld.
Ihre Zweige sommermüde wiegen sich
vom Weh umstellt.
Hörst du nicht des Waldes Klagen stöhnend
durch die Lüfte gehen
ohne Ziel Am Hang die Gräser
in der Abendstille wehen.

Auf der braungebrannten Erde
nur vereinzelt eine Blume
öffnet sich – vom hohen Berge hallt zum Tal
Spätherbstes Stimme.
Ach, noch nie warst du, mein Herz,
so schmerzlich in deinem Fühlen,
bis ins Innere durchflutet von
schwermütigen Gefühlen.

Nun verstummt sind Vogellieder
und die Erde ruht am Grunde
in der ausgeglühten Wärme,
es beglückt uns jede Stunde.
Einsam mit verklärten Blicken siehst du,
wie vergilbtes Laub
zitternd fällt auf feuchte Erde,
um zu enden in dem Staub.

Doch manches Mal, um mich der Garten, wenn
auch verarmt in seiner Pracht,
noch ehe ins Versinken gleitet,
verstohlen mir entgegen lacht
und lässt ein Restchen Wärme strömen durch
seine mir vertrauten Hände.
Wie schön es wär, wenn dieser Zauber auch den
Weg zu Dir nur fände!!

Herbstwetter

Das Herbstwetter mit seinem fahlen Gesicht
klopft vorsichtig an mein Fenster.
Die Erinnerungen des verstrichenen Sommers
hat er in die Tiefe der Erde versinken lassen,
schweigend, ruhen zu können.
Die Erde bewahrt alles,
die guten und die bitteren Ereignisse,
die sich auf deinem Lebensweg
sammeln, als Beweis
und als Zeuge deiner irdischen Zeit.

Herzensgebot

Gedichte schreiben ist mein Herzensgebot.
Es treibt mich – ohne Rücksicht
auf die Sprache – voran.
Die richtigen Worte zu finden,
um darin mich neu zu erfinden,
in diesem Strudel verfangen
ich nicht mehr umkehren kann.
Der Geist muss um jedes passende Wort ringen,
Hindernisse mit Willenskraft überspringen.
Die Sprache zwingt mich oft in die Knie,
ihr Tribut: POESIE.

Ich wende mich an die Muse der Dichtung,
die Kalliope, sie möge mich im Geiste begleiten,
wegweisend mich führen in die
richtige Richtung,
somit meinem Dasein Sinn und Freude bereiten.

Ich vertrage Kritik – auch die weisende
von vermeintlichen Freunden mit ihrem über-
triebenen Getue.
Weiter nicht schlimm, das spornt
mich noch mehr an,
besser zu werden mit gestärktem
Willen und mit Mühe,
mit dem Arroganten, der abfällige
Bemerkungen macht,
mit ihm rede ich dann, wenn er mich nur annä-
hernd nachmacht.

**Hier darf ich
ein bisschen verrückt sein**

Die wahre Freiheit schenkt mir nur
die unsichtbare Einsamkeit
in der ursprünglichen Natur,
von Tagespflicht restlos befreit.

Hier darf ich ein bisschen verrückt sein,
mit Gott mich laut unterhalten,
ihn rügen, loben oder ihn anschreien.
Er möge mein Dasein verwalten

So, dass es sich weiterhin
auf den geraden Bahnen bewegt,
des Geistes Klarheit und des Lebens Sinn
vor Zerfall bewahren,
bis auch der letzte Seelenhauch sich legt.

Wenn in der Verhandlung
noch Spielraum bleibt,
ein Anliegen beschäftigt mich sehr.
Der letzten Lebenswelle,
die mich hinübertreibt,
mach ihr das Fließen –
gütiger Gott – nicht schwer.

Noch ist's nicht so weit, das End' nicht in Sicht.
Noch spendet mein Stern mir reichlich Licht.
Komm, Einsamkeit, du kannst mich verstehen.
Lass uns gemeinsam durch
die Nachtträume gehen.

Hoffnung

Die beständige Wiederkehr des Frühlings
frischt jedes Mal aufs Neue
die gute Laune der Natur.

Die Hoffnung der Menschen wurzelt in der Stille des Herzens, dort wo ihre
Keimzelle beheimatet ist.

Deine Hoffnung – eine beständige Lebensquelle
aus Luft und Licht, verborgen in deinem Inneren, getrieben von Willenskraft,
strebend nach erfülltem Leben.

Der Baum deines Lebens, tief eingewurzelt,
beschmückt mit Erinnerungen, Ereignissen,
strahlenden Lichtern, auch Schatten, drosselt
nun sein unbändiges Wachstum und begibt sich
in die Stille des Inneren, dem unaufhaltsamen
Beginn der herbstlichen Reife!

Keine irdische Kraft kann deinen Lebenslauf
anders lenken; er läuft
unbeirrt, dem göttlichen Plan verpflichtet.

Ich bin …

Ich bin der Sehnsucht verfallenes Ich.
Ich bin dem Dunkeln geweiht ohne dich!
Ich bin in der Wolke, die irgendwo zieht.
Ich bin in den Meeren, wo mich keiner sieht.
Ich bin nur ein Blatt im wehenden Wind,
ein träumendes Wesen, ein einsames Kind,
ein Teilchen des Kosmos, eine suchende Frau,
ruhelos wankend durch irdischen Bau.
Ich bin meines Ichs der schützende Schein,
das tröstende Gehen in die Herbstzeit hinein.
Ich bin meines Daseins stets
treulicher Schatten,
das willige Steigen zum göttlichen Garten.

Ich möchte gehen

Ich möchte gehen
irgendwohin,
von Sehnsucht getrieben,
immer woanders
ohne Ziel, ohne Sinn.
Der Wind lädt mich ein
zu wandern mit ihm.
Wo find ich die Ruh'?
Ach, es ist schlimm.
Schreien möchte ich
in den Frühling hinein.
Er soll aufhören,
mir Glück vorzugaukeln.
Schon der Garten allein
säuselt mir Trauer ins Ohr.
Ich möchte flüchten
zum heilenden Hort der Träume,
ich rastloser Tor.
Mein Herzensweh
möcht ich ertränken
im weiten Meer
der Traurigkeit.
Wenn die Sonnenlichter
ins Dunkel versinken,
befreit von Zwängen, ich möchte
das Rad der Zeit zurückdrehen,
Bilder der verlorenen Jugend
noch einmal zu sehen.

Ich pflücke ein Gedicht

Ich pflücke schweigend ein Gedicht
aus des Herbstes fahlem Licht,
aus seinen milden Tagen,
aus dem satten Duft der Blumen,
aus dem müden Bienensummen
und aus des Laubes Klagen.

Ich pflücke ein Gedicht aus Feldes Gaben,
aus der Gartenfrucht und aus
dem Ruf der Raben,
auch aus der Einsamkeit
und lass es auf meine Sinne wirken,
getrost im süßen Traum versinken.
So entkomme ich der rauen Lebenszeit.

Ich wandle

Tages müd der Abend schaut
schweigend übers weite Land.
Nach und nach, an Himmels Rand
schleichend, Dämmerlicht sich staut.

In den Birkenästen stumm,
halb im Schlafe ruht der Wind.
Träume, die voller Ängste sind
schwirren wild um mich herum.

Einsam geh ich durch die Gassen.
Im Herzen schweres Sehnsucht, Weh.
Jugend, zauberhafte Fee,
warum hast du mich verlassen?

Im Frühlingssturm

Im Frühlingssturm die Erde öffnet sich,
befreit von Eis und Schnee gar wunderlich.
Mit Licht beschenkt sprießt überall das Grün
und tausend weiße Blümchen kühn

erheben sich über die Wiese.
Staunend eine Morgenbrise
im leichten Flug, übers verjüngte Land
streift zart mit ihrer warmen Hand
die schlichte Schönheit und die satte Fülle.
Auf ihrer Spur die Lüfte erzittern in der Stille.

Im Sturm des Lebens

Im Sturm des Lebens, in der Erdenzeit
entstehen Wunder unter des Menschen Hand.
Sie spannen ihre Flügel bis weit
zum Himmelsrand,
doch der Verwandlungswille nichts verzeiht.

Wenn noch so prachtvoll ist, was uns umgibt,
auch noch so stolz macht uns,
was wir erwerben.
All diese Dinge sind des Sterbens Erben.
Im Lauf des Daseins das Horten still verdirbt.

Im Winterschlaf

Im Winterschlaf versunken ruht das Tal,
friedlich träumerisch, fast irreal.
Ein schmaler Sonnenschein verwirrt und kalt,
als betrete er ein fremdes Land,
schleicht sich durch das Feld
und schwindet wieder.
Schnell im Vorbei er reißt die
Nebelschleier nieder.

Erstarrt die kalte Luft, sie atmet nicht.
Als wäre sie in eigenem Frost erstickt.
Nur ab und zu ein Vogelschrei erhallt
wie Trauersang aus dem entlaubten Wald.
Mich zieht's hinaus zu den
verschneiten Steigen,
am Saum des Waldes berührt
von Fichtenzweigen

zu spüren jenen Zauber,
der Wintermärchen schreibt.
Das ruhelose Herz dorthin mich treibt.
An diesem Ort alleine zu verweilen,
mit dem geliebten Wald die Sehnsucht teilen,
in mich gekehrt des Windes Murren lauschen,
während des Rinnsals Wellen in flüsternden
Klängen rauschen.

Immerzu

Die Sehnsucht treibt mich immerfort.
Ich kenne keinen fixen Ort,
der mich halten kann,
wenn das Herz Fernweh entbrannt.
Ich will wandern durch das Land
in dem stillen Wahn,

ihn Drängen, anderswohin zu gehen,
karg bewohnte Gegend sehen,
in Freude zu erglühen.
Von ihrer Kraft mich führen lassen,
seelig über alle Maßen
in Wollust vergehen.

Mein Innerstes kennt keine Rast.
Keine Weite ist mir Last
auf der Mutter Erde.
Die Such' nach unbekanntem Ziel
ist mein verdammtes Lebensspiel,
so wie ein Stirb und Werde.

In den dunklen Augen

In den dunklen Augen der Nacht
glänzen alle Sterne des Himmels!
Leises Windgeflüster verzaubert den Wald
und lässt ihn im Traum versinken.
In dieser langen Winternacht
hat die Luft vergessen zu atmen.
Hinter seinen erstarrten Wänden der Berg,
wie in ein Gefängnis
schloss er die Schneestürme,
um die Stille der Heiligen Nacht
zu bewahren.
Engelsgesang aus der Ewigkeit,
voller Freude und Heil
fließt auf die Erde und in jedem Heim
sprießt Hoffnung und Glück.
Möge der Weihnachtsfriede
alles Unheil dieser Erde überwinden!

In den jungen Jahren

In den jungen Jahren schwungvoll gehen,
von des Lebens Schwere weit entfernt
zuversichtlich in die Zukunft sehen,
wenn der Schaffenswunsch im Herzen brennt,

im wilden Drang mit Jugendvorschusskraft
des Blutes Kräfte dich nun vorwärts treiben,
voll Freud' auf deine Wanderschaft
du willst stets in Bewegung bleiben.

Doch auch die Jugend welkt einmal!
Nimm's dankbar an, du hast so viel erlebt!!
Nun, auf dem Weg zum schlicht
geschmückten Tal
dein Herz nach neuen Werten strebt.

Mit Neugier, Freud, in andere Zeit zu gehen,
der Geist liebt schrankenlose Weiten,
will immer noch, was fremd, verstehen,
auf Lebenswellen zu neuen Ufern gleiten.

An Stillstand willst du dich nicht binden.
Beglückt, du kannst dich frei entfalten,
in kleinen Dingen die Erfüllung finden,
die Sinneswelten immer neu gestalten,

mit herbstlich weichen Farben sie bemalen,
betupfen mit Magie der Lust.
So halb im Traum, halb in gedämpften Qualen
der Geist entrückt, halb unbewusst,

hebt dich bis zu der Himmelssphäre.
Mit klarem Blick du schaust zu Gott,
still lauschst sinnend, fromme Engelschöre.
Es sind Lieder vom Leben und vom Tod.

In dieser Welt der kühnen Zauberei
du schreibst ein Lied, ob gut, ob schlecht!
Herzblut ist allemal dabei
und jedes Wort ist deines Fühlens echt.

In meiner Ohnmacht

In meiner Ohnmacht ich sandte ein Gebet
hinauf zu Gott, die Augen tränenblind.
Ich kam mir vor wie ein verwaistes Kind,
schutzlos, vom Brand des Alleinseins umstellt.

Die Schmerzen, die mir keiner nahm,
auf kranker Seele haufenweise,
sie nagten tief, drehten stets
die gleichen Kreise,
kein leises Hoffen meinen Sinn vernahm.

Nur du mit deiner weichen Hand
o Herr, du kannst mir Stärke geben!
Lass mich neues Leben weben
in ein helleres Gewand.

Gib dem Dasein Frühlingslicht,
meinem Geist ein neues Ziel,
dem Herz tröstendes Gefühl
großer Gott – vergiss mich nicht!

Irgendwo nach Süden

Ich möcht' meine Flügel breiten,
der Bergenge zu entkommen,
in die sommerlichen Weiten,
so der Sonne näherkommen,

eine neue Heimat finden,
Wärme atmen unter Palmen,
mit dem Minimum zufrieden
täglich schreibend Dankespsalmen.

Je länger das Leben

Je länger das Leben,
desto tiefer seine Schatten.
Das Licht der Hoffnung
erreicht dich mühsam.
Die Sonne ist deine einzige wärmende Quelle.
Blumen und Bäume, mit denen du Eins bist
spenden deinen Sehnsüchten
Trost und Erleichterung.
Zu schwer ist die Last des Altwerdens!
Dein Geist in vollkommener Klarheit,
je nach Stimmung
mal überschwänglich, mal nüchtern,
holt dir ins Bewusstsein
die Gewissheit,
dass im Verlauf des Lebens
keine Flucht vor dem Sein vorgesehen ist.
Du schwimmst mit den Wellen
zum unbekannten Ufer.
Dort erhoffst du das Wunder,
alles zu vergessen.
Ob der Same deines Lebens
wieder keimen kann?
Ich schließe dieses Gedicht,
noch eh der Zweifel
in der Dunkelheit der Nacht
schweigend in meine Seele eindringt.

Jugendliebe

Damals, es ist sehr lange her,
war ich jung und unsterblich verliebt!
Mein Geist, erinnerungsschwer
dieser süßen Nostalgie sich ergibt.

In den vergilbten Seiten eines Buches
fand ich geschrieben mit blauer Tinte
einen Brief – als Zeuge meiner
vergessenen Liebe,
der als Lesezeichen mir einmal diente.

Ich frage mich nicht, wie sein Leben verlief!
In den verstaubten Bildern der Zeit
ich lasse ihn leben im Zauber der Jugend,
so nah bei mir und doch unendlich weit!

Juniwald

Auf dem engen Pfade gehen
hinwärts zu dem Buchenwald,
und durch einen schmalen Spalt
den verträumten Himmel sehen.

Auf des Waldes Boden liegen,
Teil von seinem Reiche sein,
frei von Plicht, im Herzen rein,
während die Gezweige biegen

sich in leichter Sommerbrise.
Rund um mich die Juniblumen,
grüner Klee und Bienensummen
und der alte Buchenriese.

Ruhen lassen Geist und Wille,
Ginster-Äther mich betäube,
gegen nichts und niemand sträube,
rund um mich nur Wald und Stille.

Ganz im Einklang mit der Freiheit
alle Wände überwinden,
so der Enge zu entschwinden,
mich verlieren in der Zeit.

Kamillenblüte

Eine Kamillenblüte entnahm ich der Wiese
etwas verlegen – ein gelber Falter daneben
schaute mich an, als wollte er sagen:
„Du hast dich der Traurigkeit hingegeben!"

Die Blütenblätter fing ich an zu entfernen,
leise murmelnd den Zauberspruch:
„Liebt er mich, liebt er mich nicht?
Welches Blatt bleibt am Ende?
Die Liebe – der Fluch!"

Nach der Hälfte der Zählung
verließ mich der Mut.
Ich zählte nicht weiter,
die Angst schlich sich ein
dass das, was ich erhoffte zu wissen,
konnte nicht nach meinem Wunsch sein.

Ohne ein Wort verließ ich den Platz.
Zurück blieb die halb
entblätterte Kamillenblüte
und ich ging durch das Feld,
der Hoffnung entgegen,
der Wind blies daher einen Hauch von Güte.

Vielleicht liebt er mich doch!
Der Tag rinnt dahin
in der fallenden Sonne –
vom Zeitstrom getrieben,
von seinen Wellen ließ ich mich heben.
Zu einem neuen Versuch, noch einmal zu lieben.

Kindheitserinnerung

Aus meinem Herzen ein schweres Weh schrillt.
Erinnerungen durch die Gedanken schreiten,
in sich bergend jenes Zauberbild
der Kindheit zu den Osterzeiten.

Wie viele Jahre sind's seither?
Genug – ich hab' sie nicht gezählt
und laufe ruhelos umher
um zu verdrängen, was mich quält.

Am Fenster stehend, stumm und bang,
um mich die Stille und die Zeit.
Bis irgendwann der Glockenklang
bricht ein in meine Einsamkeit.

Der Auferstehung heller Schein
erhebt sich, macht den Himmel klar.
Im Zimmer, müde und allein
ich denk', wie schön es damals war.

Klage

Der Himmel weint, die Erde stöhnt.
Durch das Gezweig, ein Leid ertönt,
durchdringt im Flug die Atmosphäre.
Schon ahne ich des Winters Schwere.
Du kalter, mir verhasster Winter,
verspäte dich, werd' endlich milder.
Ich will noch des Herbstes Glühen,
das klare Berglicht in der Frühe.
An des Herbstes Wunderfarben
will sich noch mein Auge laben.

Komm herein

An der Tür ein leises Klopfen:
„Komm herein, die Tür ist offen.
Um die Leere zu vertreiben,
wollt' ich ein paar Zeilen schreiben.
Nun fällt mir das Schreiben schwer.
Rund um mich ist's nicht mehr leer.
Freudig heiß ich dich willkommen
Einsamkeit, mein gutes Omen.
Lass uns da zu Hause fühlen,
ohne in dem Geist zu wühlen,
ringsum Stimmen der Gefühle
im vertrauten Ton der Stille."

Einen ganzen Tag zu träumen,
ohne etwas zu versäumen,
solche Freiheit dir zu gönnen,
Herz, sei dankbar, es zu können.

Komm Zauberkraft

Es streift mit kühler Hand
ein Silberstrahl das Feld.
Vom fernen Osten bald
das Licht den Tag erhellt.

Mond zieht langsam nach
ins Gotteshaus hinein.
Die Träume werden wach,
verdrängt vom Sonnenschein.

In Einsamkeit versenkt,
betrübt und schwer mein Blick.
Was mir die Nacht geschenkt,
nimmt mir der Tag zurück.

Ich denk an schöne Tage
des Glücks, des Lebens Sinn.
Komm Zauberkraft und trage
mich noch einmal dorthin!

Königin der Nacht

Selbst erstaunt, sie glänzt nur in der Nacht.
Wenn ihre Knospenschalen aufspringen
hehre Wogendüfte rauschend durchdringen
die laue Luft. Verzückt der Abendstern erwacht.

Nur in der Nacht, hauchzart erlesen
kokettiert sie mit den Mondesstrahlen.
Vor dieser Zauberblume auf die Knie fallen,
Hände falten selbst die stolzen Rosen.

Beim Tagesanbruch verbirgt sie ihre Pracht.
Das Blumenleben in die Frucht zerrinnt.
Im Inneren sie blutet lind.
Der Samen lebt und wird erneut erblühen,
vergnügt, in einer lauen Sommernacht.

Kostbares Geschenk

Kostbares Geschenk – ein strahlender Tag
aus dem Nebelkleide entstiegen,
wo tränenfeucht, schlummernd er lag.
Nun der Welt verschwenderisch winkt,
aus Sonnenlicht trinkt,
Bäume im Winde sich biegen.

An der Schwelle des Abends –
schönste Gedanken,
dein Dasein berührt – rundum ist es still –
nichts bringt deinen Frieden ins Schwanken.
Die nahende Nacht,
wie schweigsam sie macht.
Der silberne Mond hebt die Herbstnacht Idyll.

Sternengefunkel erhellt den träumenden Geist.
Die Sehnsucht schickst du auf die Reise.
Schwebend um dich die Erinnerung gleißt.
Die Jugend, wie nahe, sich zeigt.
Sinnschwere Stirn sich verneigt.
Des Traumes Gabe dich wühlt,
auf seltsame Weise.

Kraft des Frühlings

Die Kraft des Frühlings hebt alles zum Licht,
Blumen und Gräser, Sträucher und Bäume.
Die dampfende Erde mit frischem Gesicht
bezieht sonnige Räume.

Biegsame Äste stellen zur Schau
ihre neugeborenen Blätter.
Leise, Lob flüsternd dem Wetter,
das noch immer duftend nach nächtlichem Tau

lauscht entzückt und bleibt, sonnenklar
atmend Schneerosendüfte,
ihre Essenzen berauschen die Lüfte,
so schön ist der Frühling nicht jedes Jahr!

Azurblau der Himmel, Wolken nur am Rande,
im Tal die Wälder sind still.
Es ist alles da, was ich will.
Sorglos liege ich am Traunufer im Sande.

In ihrem blauen Gewand eine Meise
ruft laut, unterbrechend die Stille,
vergnügt, ohne Sinn, ohne Ziele,
im steigenden Flug dreht sie ihre Kreise.

Ich schaue, wie sie sich zum Himmel begibt.
Ihre Stimme ertönt in das All.
Ich werde ein bisschen sentimental
und wünsche, dass die Meise nie stirbt!

Lass dich fallen, Nacht

Ich suche eine neue Heimat,
die mein Sehnen stillt, und schenkt mir Ruh,
wo das wehe Herz Genesung findet.
Oh Heimatbild, an welchem Ort wohnst du?

Ich such ein neues Heim, ein kleines.
Oft glaubte ich, ihm nah zu sein,
um festzustellen, es war ein Weg der Täuschung.
Im Zauber der Verblendung fällt
man zu leicht herein.

Oh Nacht! Heut lass dich schneller fallen!
Ich bin zu müd zum Denken, Planen.
Schenk mir die Ruh – in dieser Gottesgnade
kann sich mein Innerstes entspannen.

Halt mich fest, oh Schlaf, umarme mich,
du tröstlicher Gefährt' in bangen Stunden.
In deinem Wesen Trostgefühle schlummern,
wie oft bei dir ich neuen Mut gefunden!!

Lass mich

Lass mich – oh Gott – in der Welt
der Träume verweilen,
wo die Poesie wie eine Frühlingsblume
sich entfaltet.
Im Schutz ihrer Zartheit lass mein Herz
seinen Empfindungen Ausdruck verleihen.
In meiner eigenen Fantasie mich verlieren
möchte ich mich eine Nacht lang
bei Vollmondschein, der heller ist
als der strahlende Tag.
Dieses himmlische Glück,
vergönne es meiner Seele.
In der Welt, wo Blumen nie verwelken
das Sternenlicht ewig leuchtet,
Ort der Seeligkeit, von
weißem Flieder umsäumt.
Das Erwachen aus diesem süßen Traum,
wieder in der frostigen
Nüchternheit des Lebens,
schmerzt stärker als eine Liebestrennung!

Lass mich – oh Gott –
in der Welt der Träume verweilen,
für eine Nacht meine Sehnsucht vergessen.
In der Magie der Dichtung
sollen alle meine Schmerzen verheilen!

Frag nicht, warum

Frag nicht, warum mein Herz so schwer,
wenn ich durchs Morgenlicht
zum Himmel blicke.
Erinnerungen, wie kurze Augenblicke
sausen vor den Augen kreuz und quer.

Ich seh' die schönste Zeit, die schon vergangen.
Wenn auch betrübt, mein Auge schaut hinein
in das verlorene Glück,
das nie mehr mein wird sein.
Ach Herz, hör endlich auf,
dein Sehnen zu beklagen.

Lass Tränen fallen auf meine Wangen – leicht.
In ihrem heißen Fluss das Leid verbrennt.
So findet meine Grübelei ein End
und Wunden schließen zu – vielleicht!

Lasst mich weinen

Als uns die Welt zu Füßen lag,
wir waren jung und voller Tatendrang.
Hand in Hand wir gingen durch das Land,
den Blick dem Lichte zugewandt,
das Leben war ein einziger Gesang.

Dem Glücke zugetan, die Herzen mutig,
jeder Tag war wie für uns gemacht.
Nur selten eine Wolke flüchtig
warf ihre Schatten schmal und dürftig,
doch stärker war der Sonne Macht.

Nun ich alleine bin, um mich herrscht Stille,
die mich gefangen nimmt – gebändigt sind
die Jugendwünsche und des Dranges Wille.
Auf meinen Lebensweg fällt sanfte Kühle,
oh reisemüdes Herz, dein Herbst beginnt!

Des Blutes Wogen haben sich gelegt.
Umkränzt von Frieden ist mein Wesensbild.
Doch in der tiefen Seele noch
immer mich bewegt
die alte Sehnsucht, die mich zu Tränen regt.
Lasst mich weinen, weinen,
wie schon so oft als Kind!

Lauf der Welle

Welle auf Welle
in schäumender Helle,
hallend sie rollen
durch Kiesel und Algen,
gepeitscht und geschlagen,
zuckend sie schnellen.

Von Schauern durchdrungen,
in rhythmischen Schwüngen
nacheinander gereiht,
in ewiger Regung
von feindlicher Prägung
den Stürmen geweiht,

sie fallen und steigen.
Ein Drängen und Jagen,
ein süchtiges Spiel,
ihr Wellen, nehmt mit auf die Reise
auf eure Weise
mein wehes Gefühl.

Leben im Wandel

Unter der wärmenden Sonne die Erde
brütet Keime aller Art Pflanzen.
Frisch entpuppt Schmetterlinge
anmutig tanzen,
ein Auerhahn balzt um die Gunst
seiner Auserwählten.

Die Lerche wolkenwärts steigt.
Ihr mehrtöniges Lied bringt Freud in die Luft.
Aus Holunderblüten strömt Vorsommerduft,
mein Sehnen verkriecht sich und schweigt.

Wärmende Sonne hält die Erde in Schwung.
Ein klug waltendes Himmelsgesetz,
welch nach Jahreszeiten ändert sich stets.
Die Welt lebt im Wandel,
ist das nicht Abwechslung genug?

Lebenssinn

Die Lebenswege gehen niemals schnurgerade,
von der Geburt bis zu der Totenstunde
ein Auf und Ab durch eine Welt der Sünde,
ein steter Kampf durch die verzwickten Pfade.

Mal hoffnungsvoll, mal klagend, müd'
der Mensch durchschreitet Zeit und Raum,
will nicht gebunden sein an
einen einzigen Traum,
begierig forscht der Geist und denkt sich wund.

Er will erkunden die Abenteuerwelt,
sucht fremde Orte, neues Ziel er peilt.
Von Drang getrieben, hofft und eilt,
doch irgendwann wird alles umgestellt.

Dann statt der Jugend Wahn tritt Weisheit ein,
dass alles nur begrenzt ist uns gegeben
und dass der Lebenssinn ist doch, zu leben
in dem Bewusstsein bereit zum Abschied sein.

Lebensstufen

Jeder Lebensabschnitt kommt zur rechten Zeit,
steht uns treu zu Hilfedienst bereit,
an Stillstand nicht gebunden.
Viele Orte müssen wir durchschreiten,
mit jedem Schritt die Lebenssicht ausweiten,
neugierig bis zu den letzten Stunden.

Anschluss knüpfen zu neuen Lebenskreisen,
ohne Abschiedsreue neue Welt bereisen,
den Neubeginn mit Tapferkeit angehen.
Nicht täuschen lassen von
schleichender Gewohnheit,
der Geist will wissen, liebt die Freiheit,
uneingeengt in seinem Rausch vergehen.

Und wenn das Ende kommt,
der Tod ist nicht das Aus,
er ist der Übergang in ein friedvolles Haus
in Obhut einer unsichtbaren Macht.
Was auf Erden strebend, lohnend uns erschien,
von alldem nichts hat oben Wert noch Sinn,
die Seelenruh ist nur in Gott vollbracht.

Lebenszeit

Wie alt bist du geworden, Lebenszeit?!
Die Jahreszahl du trägst in das verfärbte Haar.
Wir sind für immer ein getrautes Paar.
Im Herzen tragend ein unbekanntes Weh
wir torkeln mit in die Vergänglichkeit.

Ich höre manchmal aus fernem Jugendraum
ein süß Geflüster aus des Herbstes Wind.
Entzückt, ich lass mich täuschen,
stell mich blind.
Ich hab' gelebt und leb auch weiterhin
in enger Symbiose mit dem Traum.

...

Die Wolkenzüge glotzen wie gelähmt.
Ihre nasse Last liegt auf dem Feld.
Eine Vogelstimme aus dem Walde gellt.
Regenkühle flattert durch die Lüfte,
bis ein Sonnenstrahl sie sanft erwärmt.

Am Waldesrand, alleine,
mit dem Blick zum Licht
vor meinen Augen zieht ein
Schwarm von Krähen.
Doch das Licht will bald ins Dunkel gehen.
Ich kehre heim, der Geist hat viel gesammelt
und will umschreiben alles im Gedicht.

Liebe auf Wanderschaft

Das Herz, vom alten Groll
entkrampft sich langsam.
Gott lässt nicht zu, dass du in
Schmerz erstickst.
So kannst du wieder ausgelassen lachen
und mit Vertrauen den hellen Tag du erblickst.

Dein Auge fiel einmal auf wirres Traumbild,
ein Staubkörnchen verschleierte sein Licht.
Die Leidenschaft wob trügerische Hoffnung.
Was dahinter stand, das sahst du nicht.

Unter den Lasten der Vergangenheit
fiel Gnade, sie bewahrend,
nicht von dir getrennt,
das Herz verzeiht und richtet alles gütig
und lässt dich wachsen, wenn du dazugelernt.

Wer kennt schon das Mysterium der Liebe?
Am Anfang, kniend,
lässt du dich von ihr umkreisen.
Am Ende flieht sie ohne Furcht ins Raumlose.
Ein Kind des Wanderns ist sie – stets auf Reisen.

Liebeserklärung

Eine Liebeserklärung, alt wie die Menschheit
sich wiederholt und dennoch stets jung.
Immer dieselben drei Wörter, doch jedes Mal
klingen sie anders.
Ihre durchdringende Kraft hält
das Leben in Schwung.

„Ich liebe Dich" – ach sag nicht noch einmal,
zu groß die Angst, mich selbst zu verlieren
in einem undurchschaubaren Fall
der tiefen Gefühle,
die im Verborgenen schwirren.

Und gern würden sie im Lichte sich zeigen,
dem Herzensschlag neue Impulse geben.
Ach Angst, dein geistbeherrschtes Verlangen -
zur Vorsicht stutz mir die Flügel,
um nicht abzuheben.

Linz

Noch immer sehne ich mich nach dir
geliebte Stadt, du lebst in mir
mit allen deinen Gassen.
Als ich zum ersten Mal gekommen
zu dir, du hast mich gastlich aufgenommen,
gabst mir Glück ohne Maßen.

Die Sehnsucht nagt am Herzensgrund.
Ich leide und ich schweig mich wund.
Den Schmerz muss ich ertragen.
Ich sehn mich nach dem weichen Schoß,
das traute Bild lässt mich nicht los,
es gibt mir Mut zu wagen,

zurückzukehren, wo einst ich fortgezogen,
dorthin ans grüne Ufer,
wo schwere Donauwogen
nur mir erzählen wollen
von der alten Heimat,
die mir so fremd erscheint.
Nur noch nach meinen Ahnen
die Seele manchmal weint.
Lass meine Tränen,
Donau, mit deinen Wellen rollen.

Lobgesang des Morgens

Noch ruht der Himmel in der Morgenkühle,
auf der Bergeskante angelehnt.
Noch halten sich zurück die Wolkenspiele,
am Horizont kein Sonnenflämmchen brennt.

In des Waldes Krone still verweilt der Wind,
wesenlos, unwirklich, traumverklärt.
Wie friedlich und beglückt der Tag beginnt,
hoffnungsvoll dein Herz in sich gekehrt,

von aller Pflicht befreit,
schlägt laut und schneller.
Du lächelst froh dem jungen Glück entgegen.
Des Morgens Licht wird immer hell und heller,
getragen von der Erden Lobgesängen.

Macht des Wahnsinns

Im Rausch der Liebe, verzweigte Gedanken
dem willigen Geist eine
goldene Matte sie weben.
Törichte Träume haltlos um ihn ranken,
goldleuchtend aus der Enge nach außen streben.

Fesselnder Wahnsinn belagert mein Denken,
schnürt mir den Atem, verschleiert die Sicht.
Jeder Versuch, ihn anderswohin umzulenken,
fehlende Kraft,
mein Bemühen in sich selbst zerbricht.

Die verkrampfte Hand, mühevoll,
kritzelt Worthappen
ohne Zusammenhang – verwirrt das Herz,
träumt sich ins Glück.
Neu entflammte Gefühle über
die Ufer der Seele schwappen
sich drängend in das tobende Leben zurück.

Mein Heimatdorf

Das kleine Heimatdorf seit meinen Jugendtagen
trägt immer noch sein friedliches Gesicht.
Die Kirchenglocken dieselben Laute schlagen
am Hang, wie damals der Brunnen leise spricht.

Als ich, im Traum verloren,
zum Haus am Hügel schritt,
kam mir entgegen wie ein Quell ans Licht.
Die Kindheit und brennende
Erinnerungen liefen mit,
wie tief der Schmerz, wie riesig sein Gewicht!

Die Menschen gehen vorüber, ich grüß sie leise.
Sie schauen mich neugierig, seltsam an.
Am Waldesrand nach altvertrauter Weise
die Kinder spielen, wie einst auch ich getan.

Die Lerche, froh gestimmt
dieselben Lieder singt.
Ich suche einsam meine Kindheitsräume.
Über die Felder zieht, wie einst, derselbe Wind,
die Luft labt sich mit Düften der Akazienbäume.

Was auch immer das Leben mir beschert,
die Heimwehflamme löscht niemals aus.
Wie ein Dauerleiden, das mich wund verzehrt,
wird meine Sehnsucht bleiben
nach dem Elternhaus!

Mein Himmelsstern

In einer Nacht ich richtete den Blick
auf einen Stern und halb im Traum verloren,
in dem Glauben, er leite mein Geschick
und nur meinetwegen wurde er geboren.

Seitdem ich sehne mich nach fernem Land,
ein Sehnsuchtsweh trag ich nach Ewigkeiten.
Doch unerreichbar bleibt das Wunderland!
Wie trügerisch die Träume mich begleiten?!

Von der langen Reise, im Herzen heimgekehrt
ich schaue, wie mein Stern
für mich am Himmel brennt!

Mein Traum vom Glück

Die Zeit kennt keine Rast, kein Müdesein.
In gleichen Takten fließt sie Tag und Nacht,
beklagt sich nicht, heult nicht noch lacht.
Die Zeit ist wesenslos, unsichtbar, rein.

Sie trägt mein Sehnen durch die Lebensfluten,
kein Wort des Trostes findet sie für mich.
Kennt weder Freund noch Feind,
beschäftigt nur mit sich.
Unberührt lässt sie mein Herz verbluten.

Unschuldsbild

Es schlummert tief der stummgewordene Wald.
Kein Blatt am Baum stört die Nachtidylle.
Ein Bild aus Frieden, Unschuld, Stille
hat diese Sommernacht bemalt.

Bewacht von ungezählten Sternen
der Himmel träumt sich durch die Nacht.
Die späte Stunde hat mich müd' gemacht
Des Schlafes Macht besiegt mein Leid,
mein Sehnen,

und führt mich sanft mit unsichtbaren Händen
zu einem Ort vom Lichte überflutet.
Dort, wo meine Seele Heimatglück vermutet
oh Nacht, lass meinen Traum niemals enden.

Mächtiger Gott

Du Mächtiger, dort in das himmlische Licht
an deiner Existenz ich zweifle nicht.
Täglich ich blicke da droben zu dir,
wie tröstlich, wie sanft deine Güte ich spür!

Allumfassender, du thronst im göttlichen Saal,
dein Wirken erstreckt sich
durch das endlose All.
Deine Augen sich zeigen durch
die flammende Sonne,
glitzernde Sterne beschmücken
deine göttliche Krone.

Meiner Mutter

Ich weiß Mutter, wie oft nach mir gerufen
hast du, verzweifelt in deinem Todesschmerz!
Ich hört es nicht, so nahmst du mit im Grabe
die Sehnsucht nach dem Kind
und ein gebrochenes Herz.
Die Qual der Reue flammt und brennt in mir!
Nichts tröstet mich,
die Schmerzen wachsen munter.
Noch lebe ich auf Erden, du im Himmel,
doch irgendwann, ich komme zu dir, Mutter.

Und glaube mir, es wird ein Seeelenfest!
Ich hab dir eine Menge zu erzählen.
Seitdem ich hab verlassen das mütterliche Nest
mein Schmerz wird dann an
Mutterlieb zerschellen.

Melancholie

Stille, Dunkelheit,
bange Geisterzeit,
nachts geheimer Sinn.
Windes Sinfonien
mit den Wolken ziehen
weiß Gott wohin!

Himmel ohne Träume,
laublose Bäume,
Sehnsucht voller Zeit.
Lusterfüllter Schrecken
winkt aus allen Ecken
der Vergänglichkeit.

Mein bewegtes Leben
von Unruh umgeben,
abends heimgekehrt,
will in Traum gehen,
in die Sterne sehen,
angstfrei, unbeschwert.

Traum, du Seelensüße,
geisteshelle Muse,
bunte Himmelssteige.
Durch dein Paradies
strömt aus jedem Riss
Wunderklang der Geige.

Milde Herbsttage

Dem Nebelschleier entkommen,
gekleidet in Kupfer und Gold,
in seiner Schönheit vollkommen
und milde der Herbsttag sich bot.

Friedvoll sein Gesicht spiegelt sich
in des Himmels blauem Meer.
Mein Ich, bewegt innerlich,
nach der Ferne trägt es Begehr.

Durch meine schönsten Gedanken
zieht seine Wellen der Wind.
In mir steigt der Wunsch, Gott zu danken,
ihm sagen, wie schön Herbsttage sind.

Wie reich mein Leben sie machen,
ringsum die Luft steht still.
Als würde sie meinen Traum bewachen,
ein seliges, trunkenes Spiel!

Mit der Stille

Mit der Stille im Einklang,
abgeschirmt von der Außenwelt
Stumm, ohne Worte, ohne Hinweise
finde ich mühelos
den Weg zu meinem inneren Universum,
das schöner ist als verliebt zu sein,
bunter als eine Sommerwiese,
von Licht und Freude durchflutet.
Die Stille leistet mir liebliche Gesellschaft,
sie ist unsichtbarer Draht
zum ewigen Himmel,
dorthin, wo mein Ursprung liegt
und dorthin ich zurückkehren werde,
wenn mein irdischer Aufenthalt
das Ablaufdatum erreicht,
dorthin, wo meine Ahnen
mir vorangegangen sind
und mich offen erwarten,
um eins mit ihnen zu sein.

Mit dir im Herzen

Ich gehe einsam durch das schale Leben
mit deinem Antlitz im Herzen eingebrannt.
Dein Scheiden nahm mir, was ich liebte
und ließ schutzlos zurück die Seelenwand.

Wenn deine Augen nun verschlossen sind,
ein Hauch von dir schwebt noch in dieser Welt.
Wie ein Engel, der seine Schwingen breitet,
trostspendend meine Hoffnung hält.

Rastlos passiert den Weg die Zeit,
mit jedem Tag dir näher komme ich.
Ich blick zurück – gelassen, ohne Neid.
Das Leben gab mir Fülle reichlich.

Mittagsstille

Verstummt und träge in der Mittagsstille
hat sich der Tag zur Ruhe hingelegt.
Der Wald am Fluss kein Blatt bewegt,
der Wiese keine Wolke spendet Kühle.

Hitzedunst über das bunte Feld,
schleichend zieht er seine dumpfe Last,
nach und nach hat er auch das Tal erfasst,
der Erde Herzensschlag sich ruhig hält.

Entbinde dich auch du von Schmerz und Pflicht
und wende dein Gesicht zur Sonne hin.
Und du wirst spüren, wie viel Glück liegt drin
in dieser Kraft von Wärme und von Licht.

Des Lebens freuen, komm gib mir deine Hand.
Lass uns vergessen die leiderfüllte Zeit.
Es ist erst Mittag, und die Nacht liegt weit.
Schau, wie verlockend ruft am Fluss der Sand!

Mitternachtregen

Mitternacht. Komm Regen,
wirf dein schweres Nass
über den stummen Acker
und das verdorrte Gras.
Lass die dunklen Schwalle tobend fließen.
Ich, noch wach, am Fenster, innerlich zerrissen,
ohne Halt, untröstlich,
von der Angst verdrängt,
willenlos der Geist in Grübeleien versenkt.
Ein seltsames Leiden, ohne krank zu sein,
nagt an meinem Körper und ich bin allein.
Finsternis und Stille, keine Stimme ruft,
rings um mich das Zimmer gleicht einer Gruft.
Tiefgesenkte Wolken ziehen durch den Garten.
Wie die Trauerschleier fallen ihre Schatten.
Stete Tropfenstürze Klagetöne schlagen,
hallend in die Weite von dem Sturm getragen.
Aus gebückten Ästen welke Blätter fallen,
dumpf und satt vom Leben sie
auf den Boden prallen.

So ganz unerwartet, mit des Blitzes Schnelle,
aus des Geistes Tiefe, eine sanfte Welle
der Erinnerung aus der Jugend Zeiten
stieg empor und fegte meine Seelenleiden.
Dieses Wunderwandeln könnt
ich nicht verstehen!
Warum muss die Jugend nur so
knapp bestehen?!

Soll ich schluchzend weinen oder laut lachen?!
Ach, ich höre auf, die Nacht zu bewachen.
Macht der Müdigkeit hat den Geist besiegt,
flügelleicht und weich, süßer Schlaf mich wiegt.
Älterwerdens Spuren tröstend sanft sich zeigen,
die Kassandra Rufe klanglos müssen schweigen.

Morgendlicher Traum

Ich rede mir morgendlich ein
ein Vogel zu sein.
Flügelleicht himmelwärts fliegen,
fernab von irdischen Dingen,
nichts planen, nichts denken, nichts wissen.
Die Tage, die Nächte vergessen,
Seelenglück an der Ewigkeit messen,
aus den Lebensengen entfliehen.
Mit den Wolken ins Unendliche ziehen,
träumend des Geistes Freiheit genießen.

Unbekannte Höhen durchqueren,
aufsteigen zu göttlichen Sphären,
die Räume der Luft überwinden,
aus Sternen einen Siegeskranz binden,
durchleuchtet vom goldenen Schein.
Schlummer der Himmel berühren,
Atemzüge des Alls hauchdünn spüren!!

...

Alles nur Traum im morgendlichen Licht.
Enttäuscht, der Geist kehrt um
zu der irdischen Pflicht.
Die Schwere holt mich wieder ein.

Morgengebet

Im Licht der Morgenröte
zu dir, o Gott, ich bete,
die Augen tränenblind.
Bist du gewillt, die Schmerzen
mir aus dem wunden Herzen
mit deinen Händen lind

in dunkler Nacht zu fegen?
Befreit von starren Zwängen
gib meinem Dasein Sinn.
Verbann aus meiner Zeit
den Fluch der Einsamkeit,
heb mich zum Neubeginn.

Umraunt von Zuspruchstimmen
lass mich mein Ziel erklimmen
auf des Glückes Wogen.
Schenk wieder mir die Freude,
die einst mein Herz umsäumte,
wenn auch gelogen.

Mürrischer März

Durch den schwer hängenden Nebel
der Tag lichtet sich mühevoll,
mürrisch, satt von feuchten Lüften,
hungernd nach Frühling,
der nicht kommen will.
Beim Anblick der weinenden Bäume
mit ihrem blattlosen Geäst
überkommt mich Zweifel.
Ob jemals sie wieder ergrünen?
Traurigkeit regt sich in mir,
als würde ich mich vom Leben trennen.
Das diffuse Zimmerlicht
rinnt durch das Fenster hinaus.
Dunkelheit hat mich eingekreist,
auch der Traum hat mich verlassen.

Erde, Gott vollendetes Werk
mit Status Verwandlung ausgestattet,
gewebt aus Schatten und Licht,
besät mit Leben und Tod,
behängt mit Geheimnissen und Wundern.
Was für ein Herz wohnt in dir,
Mutter Erde, du Lebensgebärende,
du Tod bestimmende,
gütige und grausame in einem.

Nach Herzenslust

Nach Herzenslust zu wandern ohne Ziel,
so unbeschwert wie in den jungen Jahren.
Der Wunsch von einst ist heute müdes Spiel,
das sich nach Ruhe sehnt und will's bewahren
die trostgewillten Schätze jener Zeit,
so greifbar nah sie sind
und doch so weit, so weit!

Nacht, komm

Dein Wohl, dein Weh heißt Einsamkeit,
ein Wechselspiel von Süß und Bitter.
Es ist verrückt, du hältst sie fest
und kniest zu ihren Füßen nieder,
voll Sehnsucht nach der Jugendzeit,
nach heimatlichem Mutternest!

Dein Herz, das Dauerglück begehrte,
trägt nun Erinnerung in Stille.
Manch unerfüllte Lebensziele
verstummt sind auf verwaiste Fährte.

Auf diese Bilder manches Mal
lenkst du den Blick, vom Groll befreit.
Ein Lächeln, schmeichelnd, streift dich sacht
und schwindet wieder in die Zeit.
Ein kurzer, süßer Freudenschwall,
als wär' er aus dem Schlaf erwacht.

Als Tröster bleibt dir nur der Traum.
Die Wirklichkeit ist dir zu fremd.
Oft standest du vor ihr, gelähmt,
und Dunkel war im seelenlosen Raum.

Mit leisem Schritt der Tag verglomm.
Im Flüsterton die Dunkelheit
spricht mit dem Mond, ob er bereit,
Licht abzugeben ist – Nacht, komm!

Nachtregen

Es regnet dicht in dieser späten Stunde,
Laternen spiegeln in der Straßenflut.
In mir schmerzt tief die alte Lebenswunde,
die tote Liebe und die Sehnsuchtsglut.

Ich schau durchs Fenster in die Dunkelheit
und lausche still des Regens harten Fall,
bis irgendwann die sanfte Müdigkeit
bezwingt der Grübeleien Qual.

Des Traumes Kraft,
mich freudig vorwärts treibt
zu einem holden Friedensbild.
Aus meinem tiefen Weh nichts übrig bleibt,
so wandle ich durchs himmlische Gefild'.

Nachts

Nachts an dem verdammten Tisch,
vertieft in die Grübeleien,
halt ich fest auf einem Wisch
schwer lesbare Kritzeleien.

Im Zwiegespräch mit meinem Ich,
ich verfluche, weine, lache,
denke laut über mich,
meist in meiner Muttersprache.

Trost zu find'n in ihrem Klang,
hoffend, dass der Spuk vergeht
und der Uhrenzeiger Gang
heute Nacht sich schneller dreht.

„Neid"

Sagt die Weide zu der Nachbarin
der Birke: „Am Teichufer nur ich zu Hause bin."
Daraufhin die Birke:
„Ach du zottiges Geäst,
wie neiderfüllt du sprichst,
weil mein Stamm so schlank,
so weiß und so edel ist."

Nie endender Traum

Ich träume vom Süden, vom salzigen Meer,
von Vergissmeinnicht Blau und lauem Wind.
Nach diesem Teil Erde trug ich Begehr
schon als verträumtes, fantasiebeflügeltes Kind.

Zwischen Morgen und schweigender Ferne
mein Blick sucht das goldene Licht.
Durch die blass gewordenen Sterne
verschlafen zeigt sich des Himmels Gesicht.

Das Gemüt, sonnendurstend übt sich in Geduld,
leise atmend der Tag hebt seine Schwingen,
in sich bergend des Morgens Unschuld,
scheue Lichtstrahlen die zitternden Lüfte
durchdringen.

Gebirge und Täler dem Lichte sich wenden,
die Schwere verliert ihre trauernden Blüten.
Keimende Lebensgefühle mir
Hoffens Kraft spenden,
das macht erträglich die Sehnsucht nach Süden.

Neu entflammte beschwingte Gedanken,
einen Kranz binden sie dem rührenden Geist,
der nichts anderes will, als dem
Himmel zu danken,
von wohlwollendem Tagesgeschehen umkreist.

Noch türmt sich ...

Noch türmt sich der Schnee in das Tal.
Noch atmet die Luft frostige Kälte.
Der Himmel schimmert in silbrigem Strahl.
Des Winters Gebraus ertönt durch das All.
Unter des Eises Schleier die Erde,

geduldig und stumm in Kälte gefangen,
sie ahnt, wie die Mächte des Frühlings beginnen
zu wirken – im steigenden Licht
verliert sich das Bangen,
von wärmender Sonne umfangen
die Schatten des Winters entschwinden.

Von Wärme, dein Herz zärtlich berührt,
plötzlich vergisst du Sehnsucht und Schmerz,
keimendes Hoffen beglückt dein Gemüt,
du spürst, wie ein neues Leben erblüht,
denn bald der Kalender verkündet den März.

Noch wallst du, Herz

Noch schäumst du, Herz, in Sehnsuchtsglut.
Noch quillt in dir der Lebensdrang.
Lust und Leid im Gleichklang
wiegen sich im warmen Blut.

Wie satt des Lebens Reichtum
auf jedes Eck der Welt verteilt,
nichts blieb dir fremd in deiner Daseinszeit.
Hast Glück geleckt und hast gelitten stumm.

Oft weh'n aus ferner Jugend her
Erlebnisse, wenn auch schleierhaft,
in sich tragend jene Zauberkraft
im Treueschwur, doch ohne Wiederkehr.
...
Nun mein Gesicht trägt ein paar seichte Falten,
die ich nur zaghaft lieb gewonnen.
Der Arzt sagt mir, ich soll den Rücken schonen
und schwere Arbeit vermeiden in dem Garten.

Seine weisen Sprüche kann er sich ersparen.
Ich leb' im süßen Herbstes Weh
zufriedener denn eh und je,
seitdem in meinem Herz erfahren,

wie viel Freud' darin noch wohnt!
Lächelnd schau' ich nach oben,
wenn auch die Wolken eng verwoben,
der Blick zum Himmelspiel sich lohnt.

Er macht meine Sinne frei.
Die Erde atmet tief und weit ...
Herz öffne dich, trink Seligkeit,
still deinen Durst und dankbar sei.

Die Sonne gütig wärmt den Tag,
blauer Himmel über mir,
Septemberbild in praller Zier,
so wie man nur im Traum sehen mag!

Novembergedanken

Gott schuf die Welt vor langer Zeit
im Zeichen der Beständigkeit.
Dazu den Menschen, doch schwach
und kränklich,
schlimmer noch, er ist vergänglich.

...

Makelloser blauer Himmel,
Waldesstille rundherum.
Im Geäst, das noch belaubt,
schlummert Ruhe vor dem Sturm.

Schweigend wand're ich alleine,
alte Sehnsucht mit dabei.
Ob mich heut die Schritte führen
in das Land der Träumerei?!

...

Ich vernehm des Herbstes Schluchzen,
vom gekühlten Wind getragen,
Seele weint, vor Sehnsucht müde,
Herz erstickt, in tausend Klagen.

Novemberstille

Novemberstille!
Das pulsierende Leben hat
sich zurückgenommen.
Düstere Wolken wie erstarrt
lehnen sich an die braun gewordenen Hänge.
In laublosen Bäumen hält sich der Wind fest
und macht die Stille noch stiller.
Die Luft atmet leise und gleichmäßig.
Mit einer rührenden Zärtlichkeit
streift sie die schwermütig
gewordene Seele der Erde
so, dass die Traurigkeit ihre Schwere verliert
und alles verwandelt sich
einvernehmlich in Lieblichkeit und Harmonie.
Möge in dieser göttlichen Kraft
alles gesunden!

Oh Mutter Erde

Ich blicke durchs Fenster
in den wesenlosen Nebel hinein.
An seinen erkalteten Tränen
hängen die Seelen der Toten.
Ein Bild des Schauderns
verzögert den Frühlingsbeginn.

Oh, du Mutter Erde,
wärme dein Reich,
beschütze ihn,
schenke ihm mütterlichen Trost!

Ohne Halt

Aus dem Himmel blickt der Mond
dir in die verweinten Augen.
Durch die Nacht, geheimnisreich
schreitet er im tiefen Schweigen.

Will, des langen Wandelns müde,
hinter Bergen untergehen.
Traurig siehst du seinen Lauf
und willst nicht nach Hause gehen.

Ohne Halt, in tiefer Sehnsucht
Kühle in dein Herz sich schlich.
Keine Stimme dich erreicht.
Keine Worte trösten dich.

Ortswechsel

Liebes Haus, ahnst du schon,
dass wir uns trennen müssen?
Die Zeit mit dir war reich und schön.
Ich werde dich vermissen!

Schweigend blick ich in den Garten,
mein geschütztes Reich!
Innerlich, mein Ich gespalten
lacht und weint zugleich.

Garten, unter deiner Erde
ruht mein stilles Leid.
Schütze es mit deinen Händen
in stummer Traurigkeit.

Lasse Blumen drauf blühen
von Vergissmeinnicht.
Tränen sollen aus ihnen sprühen,
rein wie Frühlingslicht.

Das rastlose Schicksal reißt mich
fort aus deiner Welt.
Kompromisslos, unerbittlich
mich vor neue Prüfung stellt.

Ich ergebe mich dem Schicksal
in dem sturen Lebenssatz,
dass ich nun zum letzten Male
verlasse meinen Lebensplatz.

Ostern

Die Regenwolken Freudentränen gießen
durchrauscht vom Leben.
Soweit das Auge schaut, nur blühende Narzissen
die Kirchenglocken beben.

Im Glück der Auferstehung,
das Leid entschwand,
flog mit dem Winde – weit …
Süße schwer, du greifst nach meiner Hand.
Schön ist's zu zweit!

Wir blicken in den Tag gelassen, still.
Im Traumnetz gefangen
der milde Wind verdrängt das Wolkenspiel,
vom Licht umfangen.

Gottes Sohn steigt aus dem Grabesgrunde.
Vom Schmerz befreit
ein Chor geheimer Engel in
dieser hehren Stunde
besingt die Osterzeit.

Quell des Trostes

Einsamkeit, mir tief vertraute Freundin
Quell des Trostes in hoffnungsarmer Zeit.
In deiner gütigen Umarmung
geht unter manches Lebensleid.

Wenn du bei mir bist, kann ich weinen.
Kein Blick sieht meine Tränenflut.
Stumm hältst du mich in deinen Armen,
so keimt im Herzen neuer Mut.

Schon ziehen mich die Lebenswellen
in ihr wogendes Gewühl.
Ein Auf und Ab durch Not und Freude,
mal lärmend und dann wieder still.

Regen am Abend

Ein Stöhnen gleitet durch den Wald,
hörst du es nicht?
Der Himmel dunkle Bilder malt
im Abendlicht.

Ein Donner schallt von Westen her
ins weite Tal.
Die Wolken wandern lastenschwer
durchs All.

Wenn Gräser leicht im Winde zittern,
du weißt es schon.
Von fern sie Regentropfen wittern,
der Erde Lohn.

Ein Reh verängstigt, wie ein Schatten
am Waldesrand erscheint.
Im Regenstrom verliert sich Haus und Garten,
der Abend weint!

Untröstliche Natur

Wohin sich die Blicke wenden,
Regen und betrübtes Licht.
Dunkle Wolken stets Signale senden,
dass keine Wetterbesserung in Sicht.

Die Knospen zitternd stehen da,
halb geöffnet, nass, und frieren.
Das Himmelantlitz ganz der Erde nah,
im Wald die Tiere Frühling fantasieren.

Durchs Gezweig der zart begrünten Weiden
Regen rauscht hastig, dicht und kalt.
Erschrocken zarte Blumen
schließen sich und leiden.
Die Natur zeigt sich untröstlich, düster, alt.

Überschäumt, im Tal des Flusses Wellen
werfen Laute übern Uferrand.
Vorwärts drängend hin zum Meer sie schnellen,
dort finden sie das weite Heimatland.

Flügel satt, der Wind hat sich gelegt.
Ich sitz am Fenster, im Geist gedankenleer.
Am Fliederstrauch sich kein Blatt bewegt,
die Luft durch Regengüsse atmet schwer.

Ein letzter Donner,
hallend wie schwere Hammerschläge,
wird immer leiser, dumpf und schal.
Von Lasten müd die Wolken werden träge
und flüchten und die Sicht wird frei zum Tal.

Reiffrost

Über die Nacht die leidenden Blumen,
mit Reiffrost bedeckt sterben still.
Vom Berg stürmische Winde sich türmen,
dich überkommt ein fremdes Gefühl.

Wo bleibt die Sommerfülle
mit ihren bunten Farben,
die kleinen Wiesenblumen unaufdringlich, zart?
Über die Nacht die Gärten
bekommen tiefe Narben,
übt die Natur am eigenen Leibe Verrat?

Obgleich der Wandel von Anbeginn gibt
alles geordnet nach dem göttlichen Plan.
Die Härte des Winters bleibt mir ungeliebt,
frostige Zeiten, die ich nicht leiden kann.

Rosenstrauß

Der Rosenstrauß, den ich geschenkt bekam,
strahlt noch in Frische seine dichte Pracht.
Durch edle Blätter, glühend, wundersam,
strömt prunke Schönheit,
leicht schwellend, sacht.

Ihre Blicke kinderhaft, trostspendend,
sie spiegeln sich im Licht der Tageswoge.
An dieser Blume ist ein Stück Natur vollendet,
ein Wunderwerk und meiner Seele Droge.

Noch ehe du beschließt die Todesreise,
mein Rosenstrauß, lass deinen satten Glanz
noch eine Weile funkeln in der Vase.
Lass mich verlieren in deiner Aura ganz.

Ruf des Todes

Mit trübem Blick und schneebedecktem Haar
zu deinem Leben gesellt sich noch ein Jahr.
Unbeirrt, zielsicher, Schritt für Schritt,
dem Ende immer näher, du gehst unwillig mit.

Vereiste Wege, kalte Tage, stummer Wald,
des Todes Stimme über die Erde hallt.
Ringsum schwirren dunkle Geisterschwärme,
im Schutz der Nacht du sucht
ein bisschen Wärme.

Im irren Rausch durch schlanke Birkenäste
die Stürme zelebrieren Unheilfeste.
Du willst in dir versinken, bei dir zuhause sein,
den Weg nach innen finden
im heimatlichen Schein.

Ruhelose Seele

Ruhelose Seele du,
als Suchende geboren,
Fragen stellen immerzu
hast du dir geschworen.

Da du keine Antwort findest,
zweifelst an dem Erdensinn.
Zach* du Hürden überwindest,
stumm die Tage fliehen.

Du irrst durch das Labyrinth,
schwellende Gedanken,
und weinst wie ein kleines Kind,
wenn die Kräfte schwanken.

In blinder Einbahn siehst du nicht,
wie die Natur erwacht.
Oh Seele, kehre um zum Licht
und trau der Götter Macht.

Schwäche, Angst sind deine Feinde,
lass Freude in dir walten.
Schenke keine Acht dem Leide,
dein Los kannst du noch umgestalten.

---

* zach = zäh

Sag mein Herz

Durch die halb verdorrte Wiese
geh ich so dahin!
Wohin führt mich heut die Sehnsucht,
sag mein Herz, wohin?

Führt sie mich in jene Helle,
die sich Jugend nennt?
Trösterin in mancher Stunde,
wenn mein Herzweh brennt?

Wie beglückend ist das Wandern!
Weite in dem Sinn,
Sehnsucht – führe mich du Freundin,
mir ist gleich wohin!

Salzkammergut

Gold und blau erstrahlend sein Gewand,
heut' zeigt sich friedlich das Gebirgeland.
Aus rot entflammten Gipfeln im Senkrechtfall
fließt Licht der Morgenfrühe bis ins Tal,
das noch im Schlafe ruht.
Der alte Traunsteinriese
wirft flüchtig kühle Blicke auf
sattgereifte Wiese.
Im Geist er jung geblieben,
als gestern es geschah,
als die heiße Lava himmelsnah
sich türmte und zu Fels erstarrte
und über dunkle Jahre seinen Halt bewahrte
noch vor der gesamten Vielfalt der Natur,
noch ehe sichtbar wurde
des Menschen erste Spur.

Erinnerung von damals,
der Berg hält noch in Frische
und blinzelt bildhaft rein aus
noch so enger Nische.
Doch auch des Berges Glanz
verliert einmal das Licht,
noch ist die Todesstunde nicht in Sicht.
So thront er weiterhin über die Welt, ganz oben,
furchtlos und von Geheimnissen umwoben.
Denkt nicht ans Sterben –
die Morgenfreude ruft!
Quellen klar aus jeder Felsenkluft,
nach und nach der helle, junge Tag
nahm mir die Schwere, die am Herzen lag.
Ihre verdammte Last, die unermessen,
bleibt mir an diesem Tag vergessen.

Der späte Sommer im
schlichten Kleid sich zeigt,
atmet lauen Wind, schenkt Licht und schweigt.
In dieser Friedenswelt fällt von mir ab,
was gestern mich schmerzhaft umgab.
Ins Herz schmiegt sich ein süßes Müdesein,
Geschenk genug für mich – ich bin allein.
Vom Schlaf besiegt, ein Traum sonderbar
lässt Bilder rollen, wie es damals war,
als die Jugend noch farbenreich bekränzt
und heute nur im Traum erscheint und glänzt!

Schätze der Natur

Himmel, Wolken, Tiere, Blumen,
laue Nächte, Sommerbrisen,
Wind, Gelalle, Bienen summen,
bunte, weit erstreckte Wiesen!

Alte Berge, tiefe Meere,
Vögel, die zum Himmel fliegen,
Sonne, Mond und Sternenheere,
Bäume, die mit Höhen ringen,

das sind deine Freudenquellen,
wenn das Herz verängstigt schlägt.
Trost wird deinem Herz nicht fehlen,
wenn das Leid machtlos sich legt.

Geist und Seele lichtdurchflutet,
Traum vertauscht mit der Schwere,
Jugendbilder unvermutet
füllen deines Daseins Leere.

Dieser Leichtigkeit verfallen,
die Gedanken gleiten still.
Du hörst deine Schritte hallen
und des Treibens stetig Wallen
fühlt sich wie ein Kinderspiel.

Schau, wie der Herbst

Die Sonne hat den Scheitelpunkt
durchschritten.
Sei nicht verzagt, wenn jetzt der Sommer geht.
Auf seine langen Tage musst du nun verzichten.
Schau, wie der Herbst schon vor der Türe steht!

Er schenkt uns reife Frucht und milde Strahlen,
den jungen Wein, der schon im Keller brodelt.
Verschwenderisch er füllt die leeren Schalen
und lächelnd uns den trüben Tag vergoldet.

Wenn manchmal noch in deinem Herzen
vernimmst du klagendes Gebraus,
ein Gläschen Wein vertreibt die Schmerzen,
den edlen Tropf hältst du aus!

Schenk meinem Geiste Licht

Der Sommer hat genug von Lärm und Hitze,
vom Kopf bis zu der letzten Zehe Spitze,
hat sich im Übermaß verausgabt.
Nun senkt er seine Blicke in den Traunsee,
kühlt sich im Schatten der Kastanienallee,
dankbar für die gute Zeit, die er gehabt.

Sonnenhelle des Sommers Übermut
müd' geworden, nach und nach verglüht
und freut sich, in den Herbst überzugehen.
Mensch und Natur Veränderungen spüren,
schon zeigt der Wald die ersten welken Spuren,
der Herbst hat auch mich nicht übersehen.

So gehe ich mit, wenn auch im Herzen schwer,
des Lebens Lauf kennt keine Wiederkehr.
Wie weit mein Weg noch ist, ich weiß es nicht.
Und doch in mir ein tiefes Sehnen brennt.
Der Wunsch zu schreiben,
der sich Erfüllung nennt,
sei gnädig Herr, schenk meinem
Geiste noch eine Weile Licht.

Schenk mir die Ruh

Oh Nacht, du sternenlose,
von Sehnsucht mich erlöse,
schenk mir die Ruh!

Mein Herz darf nicht verbluten.
In wilden Lebensfluten
deck mich mit Hoffnung zu!

Schlaflose Nacht

Flutende Gedanken,
durch den Geist sie ranken.
Es umringt dich heiß.
Tausende Bilder
drehen sich immer wilder
in demselben Kreis.

Von Finsternis umkränzt,
in deinen Augen glänzt
ein mattes Licht.
Wesenlos der Mond,
erschöpft und leer, betont
sein schwindendes Gesicht.

In Dunkelheit der Nacht,
klaglos der Berg bewacht
des Tales Leichnam.
Dein Atem auf und ab,
mal sattsam und mal knapp
aus jedem Ährenhalm,

vernimmt der Erde Duft.
Rings harrt im Schlaf die Luft
im süß täuschenden Traum.
Allein der Laut der Grillen
geht um mit wehem Schrillen
durch wändelosen Raum.

Schmetterlingsstrauch

Kleine Amethystentröpfe,
dicht gereiht und fein gewebt
ihre glanzerfüllte Farbe die Pracht
meines Gartens hebt.
Beim Betrachten dieser Blüte
durch das müde Augenlicht
Frische strömt und wie ein Wunder sieht mein
Auge helles Licht.

Seine Zweige dicht behangen mit
der schweren Blütenpracht,
dieser Schönheit selbst die Sonne
ihr entgegen fröhlich lacht.
Durch die spitzen langen Blätter leicht entrinnt
die weiche Luft.
Voll im Glück der Garten atmet
süßlich milden Fliederduft.

Wie ein liebliches Gemurmel Zauberworte
raunt er leise,
lockend Schmetterlinge,
Scharen drehen spielend ihre Kreise,
landen sanft auf dichten Dolden,
ausgiebig aus dem Vollen
mit Genuss aus jeder Blüte süßen
Nektar zu sich holen.

Dieser zart beschmückte Strauch,
soviel Friede strahlt er aus,
einen Sommer lang in Würde,
gut platziert vor meinem Haus.
So viel Glanz in seiner Farbe,
ich könnt schwärmen ohne Ende,
doch am Abend ihm in Freundschaft
einen Blütenzopf ich entwende.

So erhoffe ich mir innig,
auch in der Nacht zu finden,
was er mir tagsüber spendet –
meinen stets geliebten Frieden.

Schöner Traum

In fröhlicher Stimmung aufgewacht
nach einem Traum reiche Nacht,
ein gutgelaunter Morgen wie für
mich ausgedacht.
Am Rande des Himmels zeigt sich ein Strahl
leuchtend, und fließt über den Hügel zum Tal
und stürzt sich lautlos, wie das Licht ist,
in mein Zimmer und sanft sein
Arm mich umschließt.

Durch ihn erfahre ich Schutz,
ihm ganz übergeben
gönne ich mir, den Heute-Nacht-Traum noch-
mal zu erleben
und vertraue dem Gefühl uneingeschränkt,
dass Träume wahr werden,
wenn richtig gelenkt,
mich heilend entschädigt für die Freudlosigkeit
unzähligen Tagen der zurückliegenden Zeit.
Die Fülle des Herzens nach außen will,
ein Kind der Träume bin ich,
empfindsam und still.

Schreckgespenster

Nacht lässt ihr dunkles Kleid
über die Erde sinken.
Der Sterne fernes Blinken
ziellos gibt ihr Geleit.

Ich bin allein im Zimmer,
die Türe zugesperrt,
von blinder Angst gezerrt
erreicht mich kein Schimmer

der Hoffnung. Vor dunklem Fenster
ekstatisch scharenweise
drehen schauervolle Kreise
nachtblinde Schreckgespenster.

Der Wind, vom Wehen satt
versteckt in dem Geäst,
baut sich ein karges Nest.
Ringsum rührt sich kein Blatt.

Ich schließ die Augen zu.
All mein wirres Denken,
müd, lässt sich umlenken
ins Reich der süßen Ruh.

Sehnsucht nach dem Süden

Traum will kein Ende nehmen.
Sehnsucht nagt am Herzen schwer.
Ich will auf besonnter Erde
liegen, irgendwo am Mittelmeer!

Ach, die Luft am Traunsee
grau vernebelt ist und stumm.
Im Sog der erschöpften Feuchte
kränkelt alles rundherum.

Klagend still vergehen die Tage,
rastlos, ohne Wiederkehr,
wenn sie mich nach Süden bringe
irgendwo ans Mittelmeer!!

Seine Seele

Seine Seele, sein Gesicht
sind über die Nacht verschwunden
aus dem irdischen Dasein
auf eine andere Ebene, mir unbekannt.
Und doch weiß ich, dass sie existiert.
Sie sammelt und bewahrt alles Leben,
hinter dem Himmel, wo die Ewigkeit herrscht
und jedes Leben weiterleben lässt,
so auch sein Leben, seine Stimme,
die ich noch immer höre.
Ihre Vertrautheit mir Mut und
Zuversicht einhaucht
und ich fühle mich nicht mehr allein!

Traunsee Esplanade
(im Herbst)

Wenn die Bäume sich entblättern,
eine andere ist die Welt.
Durch die nackten Äste klettern
kalte Dämpfe aus dem Feld.

Traunstein trägt weiße Mütze,
so den Frost zu überwinden.
Auf dem See weiße Blitze
zucken schnell und schnell entschwinden.

Menschenleer die Esplanade,
rings entfaltet sich die Kühle.
Durch die Luft aus Gottes Gnade
sickert rätselhafte Stille.

Schlicht zeigt sich des Abends Kleide,
fremde Sterne Feuer schlagen
dort, in die endlose Weite,
wo kein Leid ist zu beklagen.

Auf des Himmels Prärie
will ich sein mit allen Sinnen.
Herr, lass meine Fantasie
öfters helle Träume spinnen.

Seltsames Gefühl

Sobald du von mir gehst,
mit jedem Schritt deiner Entfernung
stellt sich die Sehnsucht dazwischen.

Entfernst du dich für längere Zeit,
mein Tun, mein Denken, mein Handeln
werden von pathologischem Zustand gelähmt.

Ist dein Kommen wieder in Sicht,
nehm ich dein Bild
mit allem Zauber der Natur
in mir auf!

Silbermond

Im Thujeneck kein Vogellaut,
Schatten hüllt die Hausmauer.
Stumm der Garten liegt in Trauer,
starr die Hauskatze schaut.

Mein geliebtes Haustier
ganz verwirrt, kann's nicht verstehen,
was wird nun mit ihm geschehen?
„Silbermond" ich bleib bei dir,

wenn auch anders als bisher.
Deine Freiheit soll dir bleiben,
im vertrauten Ort vertreiben
deine Zeit, mein Kuschelbär."

So Gott es will

Ich wage eine Zwischenbilanz
meines Lebens – wie verlief es bis jetzt?
Ich ging oft durch das Dunkel, mal durch den Glanz,
doch mein Blick nach vorne gerichtet war stets.

Ich hab viel mitgemacht, viel erlebt,
viele Facetten des Daseins durchschritten.
Die Erinnerung vor den Augen mir schwebt,
was mich beglückte, was ich gelitten.

Armut und bescheidener
Wohlstand sind mir nicht fremd.
Glück stand mir nahe genauso wie Unglück.
Wie oft hab ich verschenkt auch mein letztes Hemd
und genauso oft bekam ich alles doppelt zurück.

Von vielen geliebt, doch auch missbilligt von vielen.
Immer bemüht, die Balance zu bewahren.
Der Welt Leid und Freud trug ich im Stillen,
so gut ich vermochte, vermied ich
Neid und Gefahren.

Nun heißt meine Lebenserfüllung umschreiben,
im Gedicht loben die Schönheit der Natur,
mit tröstenden Worten meine Seele laben,
so Herrgott es will,
bleib ich treu meinem Schwur.

So sagen die Freunde

Menschen, die mich kennen, sie sagen,
ich wäre nicht leicht zu biegen,
charmant, kämpferisch, ich will siegen,
mir fehlt nicht der Mut, Neues zu wagen.

Das Ziel einmal anvisiert,
von treibenden Kräften bewegt,
jedes Hindernis aus dem Weg, unbeirrt,
doch mit Charme wird beiseite gefegt.

So sagen die Freunde und die, die mich kennen.
Doch mein Inneres täuscht
gekonnt Selbstdisziplin.
Wenn auch im Herzen Sehnsüchte brennen,
muss niemand wissen, wie verletzlich ich bin.

Schwach, unvollkommen, ein Kind dieser Welt,
das gerne die Zeit im Licht der Sonne verbringt.
Nicht auf Glanz, Reichtum eingestellt,
mit der Natur im Einklang,
von Friedensflüstern umringt.

Der Wald bietet mir einen ruhigen Hafen,
eine freie Bühne für meine Gefühle.
Träumend, zwischen dem
Wachsein und Schlafen,
Gott dankend für die unermessliche Fülle.

Bäume, die mit mir reden, der wehende Wind,
    er trägt mein Sehnen durchs All.
    Hier kann ich alt sein oder Kind,
    ganz wie ich will, Wahl ohne Qual.

So seh' ich die Sehnsucht

Sehnsucht – ein abgrundtiefes Gefühl,
verzerrende, mächtige Kraft,
rastloses, süchtiges Spiel,
untröstlich, stumm, rätselhaft.

Sehnsucht – eine schreiende Stille,
ein Suchen nach heilender Welt,
ein irres Perpetuum mobile,
ein Himmel, von Wolken umstellt.

Sehnsucht – ein immerwährendes Hoffen,
ausgestattet mit Willen,
in Täuschungen sich selbst übertroffen,
freut sich des Spiels seinetwillen.

Sehnsucht lässt sich nicht verdrängen,
nachts nicht, tags auch nicht,
bewegt von eigenem Drängen,
getreu der lastenden Pflicht.

Sommerfreude

Von Sommerfreud' benommen
ich taumle durch die Wiese.
Wie wunderlich mich streichelt
des Mittags laue Brise.
Am Horizont erstreckt sich
des Traunsteins Kontur,
ein Berg in Ursprung Spannung,
als Denkmal der Natur.
In dieser wilden Schönheit,
befreit von Last und Schwere
ich, wenn nur im Traum
zu meiner Jugend kehre.

Sommernacht im Regen

Stürzend Regentropfen toben,
Felder drohen zu ertrinken,
schwarz umhüllt fällt Nacht von oben
taumelnd auf Gespensterschwingen.

Wolken zu der Erde streben
segelnd durch die Regennacht.
Dieses Schauspiel zu erleben,
ist ein Hauch des Himmels Macht.

Gehend durch die dunklen Bäume,
von der Wirklichkeit getrennt,
finde ich ins Reich der Träume,
welch's nicht Leid noch Sorgen kennt.

Doch wie schroff das wahre Dasein
mir entzieht des Herzens Glück!
Holt mich über Stock und Stein
in die Wirklichkeit zurück.

Fremd erscheint mir meine Wohnung,
grelles Licht in künstlich' Zier,
eine kalte Sternenklonung!
Regennacht, ich will zu dir!

Es rauscht der Regen

Sommerregen in der Nacht
rauscht in dicht belaubten Bäumen,
fern von jeder Tagesschlacht
du kannst wieder selig träumen.

Frei von Ängsten, frei von Sorgen,
deinem Inneren zugewandt
fühlst du dich beschützt, geborgen
in des Herzens Heimatland.

In der Nacht, vom Schlaf gewiegt,
denkst du an die Jugendzeit,
doch in deinem Herzen liegt
klagend, stumm ein altes Leid.

Eine nicht vernarbte Wunde
schmerzt und blutet immerfort.
Nur ein Wort aus deinem Munde
würde lindern Schmerz und Not.

Sonnenblume

Im Sommerglück, bewegt vom Wachstumsdrang
Gold umglänzt, dem Sonnengott zu Ruhme,
auf feuchte Erde wächst und blüht und lacht
das Gebilde einer Sonnenblume.

Ihr Gesicht, hingebungsvoll
gekonnt zum Sonnenlicht sich wendet.
Verbirgt es ein Geheimnis inne,
das ihr diesen Zauber spendet?

Im lauen Abend sie schließt die Augen zu.
Des Tages Glück umwandelt sich in Traum.
Selig schlummernd in Obhut der Gestirne
vergisst die Sonnenblume Zeit und Raum.

Sonnenblumenfeld

Entflammt steht da das Sonnenblumenfeld,
in trautem Glück hat sich zur Schau gestellt,
mit dem Gesicht zum hellen Schein gewandt,
lehnt leicht am Zaun des Sommers seine Hand.

Eine laute Bienenschar fliegt ihm entgegen,
der hoffen lässt auf reichen Früchtesegen.
Am Rand des Feldes,
wo mein Spaziergang endet
ein alter Baum mir gastlich Schatten spendet.

In stiller Mittagshitze das dichte Laub ruht.
Vom Tag umstellt mein Herz pulst frohgemut.
Ein Traum, blühend wie das gelbe Feld,
der mich in seinem Glanz gefangen hält.

Sonnenlied

Liebe Sonne komm' heraus,
schenke Licht dem Erdenhaus.
Lass froh sein auch mein Gemüt.
Liebe Sonne, sei so gut.
Unter deinen warmen Strahlen
Wald und Wiese Bilder malen,
farbenreich, lieblich, fein,
so deine Erde Schwesterlein
zeigt sich stolz im Feierkleid,
dir so nah und doch so weit!
Lebensspendender Planet
bitte, bitte sei so nett,
lass die grauen Wolken ziehen,
nur so kann die Welt erblühen.

Sonnwende

Am Einundzwanzigsten im Monat März
tritt die Sonne ins Widder Tierkreiszeichen.
Für 24 Stunden Tag und Nacht sich gleichen.
Dann geht es mit dem Frühling aufwärts.

Mit jedem Tag die Sonne höher steigt.
Die Luft beginnt sich langsam zu erwärmen.
Mein weiches Herz verfällt ins Schwärmen
und alle Freude übersteigt.

Unter den milden Sonnenstrahlen
hin zum Licht ein Käfer kroch.
Bodendämpfe steigen hoch
in die Luft, bis sie zerfallen.

Von den Bergen rauschend, stürzen
mutig in den Traunsee,
Schmelzwasser aus stolzer Höhe,
senkrecht, um den Weg zu kürzen.

Hallend durch die Himmelsweiten,
unterstützt vom leichten Winde,
Kuckuck ruft nach seinem Kinde
schrille Rufe voll von Leiden!

Spiel der Gedanken

Im Großen und Ganzen ich liebe das Leben,
mein Leben – doch sobald die gute Laune sinkt,
aus einem Winkel des Geistes mir winkt
tückisch der Tod,
von teuflischen Kräften umgeben.

Ich sehe ihn mit geschlossenen Augen
im Dunkel – das Licht ist nicht sein Element.
Da er alles Helle nicht kennt,
erfüllt es ihn mit tiefgründigem Bangen.

Ich öffne die Augen und alles ist Licht!
Ich lebe – also ich darf weiterhin sündigen.
Er wollte sich offensichtlich erkundigen,
ob ich ihn fürchte –
doch gefragt hat er mich nicht.

Warum findet das Leben ein Ende?
Warum ist's vorbei, wenn gelebt?
Warum wird die Seele dem Tode vererbt?
Macht Gott mit uns Experimente?

Lange lasse ich mich nicht mehr ein
auf solche irren Gedanken,
die mir schwer sitzen im Nacken
und verderben mir die Lust am Dasein.

Spiel der Sinne

Armes Herz – noch nie der Frühling
war so grün, so jung, so Kind!
Siehst du, wie die frischen Gräser
rhythmisch wallen in dem Wind?

Knospen auf den schlanken Zweigen
öffnen sich! Hörst du es nicht,
wie ein schmerzbefreites Stöhnen
steigt hinauf und will zum Licht?

Frühling komm, lass dich entfalten.
Breite deine Wärme aus.
Spende meinem Geiste Tröstung
und bring neues Glück ins Haus.

Lass mich deine Frucht genießen,
Süße satt, im Traum versinken,
in dem Wahn des Truges sehen,
wie mir Jugendbilder winken.

Gebündelte Lebenserfahrungen

1. Zu viel des Guten
ich will dir nicht zumuten,
lieber weniger,
dafür beständiger.

2. Auf der Suche nach dem Glück
mach ich nun 'nen Schritt zurück,
denn vor lauter schnellem Gehen
ich könnt Vieles übersehen.

3. Was du beginnst, bring gut zu Ende.
Am Ziel erblüht der Mühe Spende.

Durchhaltevermögen, Wille
führen zweifellos zum Ziele.

4. Wenn ich auf meinem Weg zum Ziel
die höchste Höh' durchschreite,
dann hör ich auf mit meinem Spiel
und geh nur durch die Weite.

5. Zu Füßen hast du mir gelegt die Welt,
doch diese war ein einziges Trümmerfeld.

6. Traum ist die Heimat der
unbegrenzten Fantasie.
Fantasie hält den Geist rege.
Ein reger Geist ist die Quelle der Inspiration.
Inspiration ist die nährende Mutter der Kunst.
Kunst ist die Blume, die niemals verwelkt.
So schließt sich der Kreis.

7. Ich bin mir Gesellschaft genug!

8. Liebesschmerz, du strenger Herzenslehrer,
schwer ist mit dir, doch ohne dich viel schwerer.

9. Ich lausche des Herbstes Schluchzen.
Vom gekühlten Wind getragen
Seele weint, vor Sehnsucht müde
Herz erstickt in tausend Klagen.

10. Einsamkeit, mein höchstes Gut,
weil sie mir nur Gutes tut!

11. Im Traum keimt der Wunsch –
durch beständige Pflege
wird er zur reifen Frucht.

12. Das, was ich nicht ändern kann,
    lass ich nicht an mich heran.

13. Sterne sind des Himmels Fackel,
    dem Nachtlicht verpflichtet.

Stell keine Fragen

Im Haus alleine,
von Schwere bedrängt,
ich warte und weine
vom Leben vergrämt.

Hörst du meine Stimme?!
Beeile dich, komm
und stell keine Fragen,
wieso und warum.

Spürst du, wie die Liebe
von Neuem erwacht?
Komm, gib mir die Träume
der gesegneten Nacht.

Lass Wunder geschehen,
gönn mir noch einmal
den Himmel auf Erden,
den das Leben mir stahl.

Hol mich aus dem Dunkel,
schenk mir das Licht,
noch ehe die Hoffnung
hallend zerbricht.

Sterbender Traum

In Schimmerschein des Morgenlichts
vom Nachtwerk müd und blass geworden
der letzte Traum zieht sich ins Nichts,
will er seinen Zauber morden?

Noch ein Rest von seinem Zug
streift mein zuckendes Gesicht.
Ist das Heilung, ist Betrug,
warum meidet er das Licht?

Ist er treu dem alten Schwur,
nur in Dunkelheit zu sehen?
Ist sein Glanz, seine Struktur
Täuschung im Vorübergehen?

Allerlei, wie er auch ist,
es tut gut, ihn Freund zu nennen,
wenn im Traum das Herz vergisst
manches unerfüllte Sehnen.

Sterne des Himmels

Sterne des Himmels, schenkt eure Wachsamkeit
meinem Schlaf, umhüllt ihn in göttlicher Geborgenheit,
flutet meine Träume
mit eurem nie erlöschenden Licht.
Verleiht ihnen Flügel,
lasst sie mit dem Wind wehen
durch meine Erinnerungen
und holt ihre bittersüßen Liebkosungen
für eine Nacht in die Gegenwart.

Sternengold

Wenn in der Nacht die Schöpfung müde ruht
mit Sternengold der Himmel überglüht.
Mir scheint, du wärst bei mir,
will dich berühren,
mich im Schutz des Traums zu verlieren.

Hoffnungen durch Geist vorüberziehen,
sie fühlen ihn mit kühnsten Fantasien.
Schwebend in das schwerelose Wonneland
ich fühle mich dem Himmel nah verwandt

und strecke ihm entgegen meine Hand.
Wie lieblich mich die Nacht umfängt!
Wie viel Trost sie meiner Seele schenkt!
In dieser Zimmerstille schläft die Zeit.

Ich seh sein Bild aus der Vergangenheit,
betäube mich mit seinem Trug und Schein.
Des Frühlings Duft dringt
durch das Fenster ein.
In dieser Stunde von Angst und Leid befreit
ich kokettiere mit der Ewigkeit.

Und aller Zauber aus dem Jugendkranz
begleitet mich und macht mich selig ganz!
Meine Wünsche, Herr, an dich sie sich wenden,
lass diese Augenblicke niemals enden.

Stiller Zeitbericht

Ein Sommerwind trägt mein Gedicht
den Menschenohren zu
und trägt es weiter in das Licht,
wo alles bleibt und nichts zerbricht,
dort findet es die Ruh.

Ich schreibe und ich frage nicht
ob's Sinn hat, was ich tu.
Ich schreibe leicht, verständlich, schlicht,
was mich bewegt, aus meiner Sicht.
Mein Wort lacht allen zu.

Erzählt von Liebe, Trennung, Leid,
ein bunter Zeitbericht.
Manch' seiner Seiten liegen weit
zurück in meiner Jugendzeit,
verstaubt Schicht um Schicht.

Die Anderen, noch frisch sie sind,
lebendig, wund und wahr.
Und immerzu mein Lebenssang
getreu, wird mich, ob Freud, ob Bang,
begleiten Jahr für Jahr.

Doch irgendwann, der müde Geist
macht mit dem Schreiben Schluss.
Getrost aus meinen Herzgefilden
und lächelnd, wird für ewig schwinden
das Wort als letzter Gruß!

Tageseinteilung

Es wurde mir noch ein Heute geschenkt;
dankend beginne ich
mit der Tageseinteilung.
In der Früh,
ohne an das Frühstück zu denken,
kritzle ich in das noch von gestern
offen gebliebene Heft
irgendwas hinein,
nichts Besonderes.

Aus welchem Grund auch,
meine Gedanken lassen sich heute
nur schwer durchfiltern,
einordnen, um zu einer verständlichen
Quintessenz
komprimieren zu können.
Ich schiebe das Heft beiseite.

Denke an Mittag;
das heißt, mich zurecht machen,
alltägliche Pflichten erledigen,
auch mühsam!

„Nun, nicht ungerecht sein",
sage ich zu mir.
Zu Mittag hat sich
Sonnenschein angekündigt.
Ich werde eine Stunde
am Seeufer verweilen,
da wo die Sonne,
sei es aus Gewohnheit
oder aus Langeweile,
sich in den See hinabseilt,
so auf ein Plauscherl mit Neptun.
Worüber?
Es bleibt ein Geheimnis, jenseits
meinem Verständnis.
Am Abend will ich bei mir sein
in der Gesellschaft meines Ichs,
um das Erlebte zu betrachten.
So viele Ungereimtheiten
haben sich in meinen Tagesplan
eingeschlichen,
zur Hölle damit.
Ich will schlafen!

Tannenblüte

Vor meinem Gartenzaun pflanzte ich einmal
Eine Tanne – wie viele Jahre sind
seitdem vergangen?!
Sie wuchs und wiegte sich im Sonnenstrahl
von Freude am Dasein umfangen.

Erwacht aus Winterschlaf,
an einem Frühlingsmorgen
bis zu dem Wipfel war sie aufgeblüht.
Ringsum war ein Getuschel,
die Amsellieder wogen
sanft gleitend durch die Lüfte –
die Tanne tief berührt

stand staunend da und konnte nicht verstehen
das Fest um sie, das seltsame Getue.
In sich versunken vernahm sie eine Stimme:
„Sei stolz, du trägst an deinem Leib
in voller Pracht das Kleid der ersten Blühe."

Tanz der Lebensfreude

Des Himmels Wölbung mit
jedem Tag wird blauer.
Des Tages Helle verlängert seine Dauer.
Der Erde Kleid zeigt sich in Frühlingszier.
Wohin man blickt,
herrscht Wachstum, Lebensgier.

Aus dem Wald mit ausgespannten Schwingen
steigt lauer Wind mit unhörbarem Klingen.
Im Drang der Schöpfung die Insektenheere
wie Fantasiegebilde schwebend, ohne Schwere,

flatternd durch die Lüfte, in des Lichtes Schein
Tanz der Lebensfreude, für das wahre Sein.
Ich, im Traum verloren, schau in das Gesicht
eines bunten Falters – und schreib ein Gedicht!

Tief in dem Wald

Tief in dem nahegelegenen Wald,
verborgen in der Wirrnis der Äste,
in der totalen Versenkung seines Selbst
der Wind vergönnt sich einen Ruhetag.
Keine Wolke rührt sich am Himmel.
Selbst die braun gewordenen Gräser,
in starrer Haltung scheinen sie,
die wohltuende Wirkung der Meditation
auf ihren schlanken Körpern
einfließen zu lassen.
Göttliche Hand streift voller Liebkosung
das Antlitz der Erde.
Für einen Augenblick durchbricht ein Strahl
die graue Wolkendecke
und verschwindet gleich.
Ein geheimnisvolles Himmelsspiel,
das scheint, mit mir kokettieren zu wollen,
um die Langeweile zu vertreiben.

Trauerfest im November

November schüttet Schwärze über
die feuchten Weiten.
Himmel, sternenlos, erstarrt
hat das Träumen sich erspart
und hofft auf bessere Zeiten.

In den entlaubten Wäldern, das zitternde Geäst
hört sich wie ein Jammer an.
Ein Leid, das nicht entrinnen kann,
ein stummes Trauerfest.

Hinterm verschneiten Berg
der Mond vergönnt sich Ruh.
Finsternis umhüllt das All,
Grabesstille herrscht im Tal,
Sehnsucht plagt dich immerzu!

Traum, du in deinem Wahn

Wenn ich in mancher dunklen Nacht
aus meinem Traum aufgewacht
mich fürchte vorm Alleinesein,
erreicht mich unverhofft ein Licht,
die starre Angst erschreckt, zerbricht
und mein Herz wird weit und rein.

Erinnerungen – schweigsam, zart,
sie werden plötzlich Gegenwart.
Freundlich winken sie mir zu.
Seele atmet Seligkeit
aus der hellen Jugendzeit,
um mich herrscht Himmelsruh.

Die Gedanken wandern still
ohne ein bestimmtes Ziel
durch des Geistes Weiten.
Traum, du in deinem Wahn,
wie charmant lügst du mich an
in glücklosen Zeiten!

Traumbetäubt

Ein Fernweh-Schmerz in meiner Seele wohnt,
wenn in der Spätherbstnacht der kühle Mond
über dem Berg sich zeigt in fahlem Licht.
Vom Tages Tun befreit, ich wende mein Gesicht
dem weit erstreckten All,
und lausche tiefe Stille,
wie sanft die Nacht nimmt mir
der harte Tageswille!
Von Leichtigkeit mein Ich umhüllt
im Augenblick der Fernweh-Schmerz verglüht.

„Satt vom Alleinsein", sagt mir die Einsamkeit:
„Du bist nicht mehr allein –
heut' Nacht sind wir zu zweit!"
Schweigend, sie und ich, im Wesen beide gleich,
der Vollmond über uns, im fahlen Lichte, bleich,
mir nah verwandt, im Herz geschwisterlich,
Traum schwebend, die Einsamkeit und ich
in stummer Freude Sternenbilder schauen,
von der Welt nichts hören,
allein dem Gott vertrauen,
im Strahl des Mondes Ewigkeiten sehen
deinem Ziel im Geiste froh entgegen gehen,
die Güte spüren der allerstreckten Macht,
wenn auch nur hauchleicht und nur für eine
Nacht.

...

Es lichtet sich das Dunkel,
die Morgenröte brennt,
zögernd und verlegen die Nacht
von mir sich trennt.
Durch die kahlen Bäume helle Lichter blinken,
schaudernd meine Träume
in die Nacht versinken.

Was wird der neue Tag mir offenbaren?
Harte Lebensprüfungen,
wie oft in all den Jahren?
Oder heißt Milde, Hoffnung sein Bestreben?
Ach Tag, sei du willkommen,
ich werd mein Bestes geben!

Trennung vom Vertrauten

Die letzte Blume nimmst du schweigend mit!
Heut' trennst du dich von dem geliebten Garten,
dem du so treu gedient,
und fühlt sich nun verraten,
benommen, zag, du gehst im Taumelschritt.

Trennung, Abschied heißt auch Seelennot.
Es gibt nichts Bitteres,
das Atmen fällt dir schwer.
Fühlst dich verlassen, einsam, leer,
als wär ein Teil von dir schon tot.

Du fragst dich stumm, wo deine Heimat ist.
Denn jede, die gehabt, verlor sich bald,
ließ dich allein und verängstigt, ohne Halt,
am Rande fast des Daseins Frist.

Wenn auch nicht leicht der Weg,
du wirst noch einmal siegen.
Wohl an, Petruta, lass dich
von Schmerz nicht biegen!

Tropische Hitze

Unerträgliche Schwüle!
Die Bäume rühren kein Blatt.
Am Himmel kein Wölkchen schenkt Kühle.
Der See ist friedlich und glatt.

Keine Regensignale in Sicht,
es herrscht unbarmherzige Hitze.
Dunstschwaden verschleiern das Licht,
auf Feldern zeigen sich klaffende Ritze.

Du gehst allein durch den Wald – unbeschwert,
wohin die Schritte dich führen.
Das Weh, das dich gelegentlich quält,
verliert nun die strengen Konturen.

Tröstende Nacht

Im Glanz des Traums vieler Nächte
ich sah dich klar am Fensterbogen.
Wenn auch trügerisch die Bilder,
ich fühlte mich beschützt, geborgen.

Und ließ vor meinen Augen ziehen
meines Lebens schönsten Wahn.
Hoffend, du hast mir verziehen,
wenn manchmal ich dir wehgetan.

Wie mütterlich wiegst du mich, Nacht!
Wie tröstend, einem Zauber gleich.
Von deiner Dunkelheit bewacht
ich fühl mich wohl in deinem Reich.

Über Raum und Zeit

Deine Wünsche schickst du
auf fantasievolle Reise
über Raum und Zeit in die himmlischen Kreise.
Im Lande der Träume auf heimlichen Schwingen
Lichter des Glückes sie freudig umringen.

Ungeahnt ergreift dich ein heilender Schmerz,
mit sich Helle bringend im leidenden Herz.
Im Vorbei berührt dich der herbstliche Wind,
leise dir flüsternd, wie süß die Träume halt sind.

In dir tief versunken mit leichtem Schritt
du schwebst durch die Lüfte,
die Erde schwebt mit.
Die sprudelnden Freuden, die über dir walten.
möge niemals ihre Wärme erkalten.

Umarme mich

Nacht im November. Das Weh lastet schwer.
Ich kann nicht einschlafen,
mir dünkt, ich wär'
mit Kranksein beschäftigt, ohne zu leiden.
Düstere Mysterien meine Seele kleiden.

Im dunklen Zimmer die Stille hält Wacht.
Am Fenster sich drängen Gespenster der Nacht.
Sie tragen weder Trauer noch Freud im Gesicht.
Menschliche Regungen kennen sie nicht.
Kälte breitet sich aus in mir.
Komm wärme mich, ich erfrier!

Umdenken

In einer hellen Stunde ich beschloss,
vom Fluch der Grübeleien mich zu trennen,
den Geist am Licht der Sonne anzulehnen,
mich zu wärmen an der Muttererde Schoß.

So viele Fragen quälten meinen Geist,
auf die ich keine Antworten fand.
Verzweifelt, oft im Dunkeln stand,
hoffnungsarm, allein, verwaist.

Heut ist mir so, als alles um mich wäre
ganz anders irgendwie, ich seh die Welt
wie eine weite Landschaft lichtumstellt,
wo ich zu meiner Ursprungsheimat kehre.

Umhüllt

Umhüllt in dem herbstlichen Nebelschleier,
tränenüberströmt, durch still gewordene Zweige
schleicht sich die Melancholie
in meine Seele hinein
als Sammlung trauriger Ereignisse.
Die, in den Wolken verborgen, erreichen mich
gelegentlich
als Erinnerung, die scheinbar
niemals verlorengeht.
Mein ungebetener Gast und ich,
durchs Schicksal vereint,
verweilen wir geduldig in dem diffusen Licht,
bis die spärliche Sonne ihr
Wirken geltend macht.

Und immer noch die Sehnsucht

Sehnsucht – ein abgrundtiefes Gefühl,
verzerrende, mächtige Kraft,
rastloses, süchtiges Spiel,
untröstlich, stumm, rätselhaft.

Sehnsucht – eine schreiende Stille,
ein Suchen nach heilender Welt,
ein irres Perpetuum Mobile,
ein Himmel, von Wolken umstellt.

Sehnsucht – ein immerwährendes Hoffen,
ausgestattet mit Willen,
in Täuschungen sich selbst übertroffen
freut sich des Spiels um seinetwillen.

Sehnsucht – lässt sich nicht verdrängen,
nachts nicht, tags auch nicht,
bewegt von eigenem Drängen,
getreu seiner zwingenden Pflicht.

Und noch ein Jahr

Ausgelebt das alte Jahr
geht es stumm verloren.
Das Neue macht die Augen auf
über die Nacht geboren.

Ich prüfe die erlebte Zeit,
noch ehe ich sie vergess.
Sie gab mir Freude tausendfach,
gelegentlich auch Stress.

Es war ein reges Auf und Ab,
ein ausgewogenes Leben.
Es hielt mich neugierig und wach,
ein Nehmen und ein Geben.

Nun – wie ein großes Feld vor mir
das neue Jahr liegt offen.
Räumt ein mir Fülle, Zeit und Platz
und ein erstarktes Hoffen.

Wenn auch manches Hindernis,
mein Blick will es verstellen,
der Glaube in meine Kraft
wird mir den Weg erhellen.

Unerreichbar

Schweigend, leis, unauffällig
in dem Trubel dieser Welt
meine Jugend ging verloren.
Einsam, und von Angst umstellt,

von dem Wunsch, nach ihr zu suchen,
schauernd, hin und her gerissen,
sie bleibt unerreichbar, ferne
und will nichts mehr von mir wissen.

Liegend auf der bunten Wiese
mein Blick hängt am Himmelsbogen.
Ach du Traum, Seifenblase
wie oft hast du mich belogen?!

Unerwartet

Unerwartet eine Herbstbrise
durch spärlich gewordene Hecken
gleitet gemächlich zu mir ins Herz
und wie durch ein Wunder
fegt sie mit einer unvermuteten Sanftheit
meine Schwermut weg, und plötzlich
das Licht hellt auf die Landschaft meiner Seele,
bringt mein Leben zum Erblühen!
Dieses göttliche Licht
möge mich nie mehr verlassen.

Ungeliebter Winter

Winterschwere lastet
auf dem ganzen Land.
Schweigend der Wind rastet
an Gebirges Rand.

Tag im Dämmerlicht,
wie ein müder Greis,
der nur mit sich spricht
unverständlich leis.

Im verstummten Wald
Trauerschleier hängt,
Schauder, lautlos, kalt
in mein Herz sich drängt.

Winter, Grauen, Frost,
eine strenge Zeit,
Herz sei doch getrost,
Frühling steht bereit.

Durch den dunkeln Tag
streift ein Hauch von Licht,
wenn auch zaghaft, vag,
doch hell sein Gesicht.

„Winter samt Gesinde,
du, mein Klotz am Bein,
geh nur, verschwinde,
du warst niemals mein."

Üppige Dolden in Rosa

Eine üppige Fülle diese seidenen Dolden,
harmonisch gefügt in Farbe und Form,
kunstvoll gebunden nach eigener Norm,
der Sonne sich freuend, die lieblichen Holden.

Von schimmerndem Glanz angehaucht,
ein Blütengewächs von begnadeter Pracht,
selbst überzeugt von ihrer Zaubermacht,
verdichtete Frische ein Sommer lang –
jung, unverbraucht.

Durch die zitternde Luft im senkrechten Flug
angelockt von der Blütenessenz,
ein Falter ohne störende Konkurrenz
landete sanft und hielt es für klug,

genüsslich zu trinken an der Hortensie Bar,
ein Bild der Fülle vom Garten umrahmt,
Flieder und Rosen und Mohn allesamt
heben des Sommers Idyll –
der Himmel durchsichtig, klar.

Mit Blicken zur Erde gerichtet, durchs flimmernde Licht
Gott selbst, von tausend herrlichen Dingen,
wie sie einen Teil seines Reichs umringen
und ergötzt sich an Hortensien junges Gesicht.

Vergänglichkeit

Der Garten ist von Wehmut umschlossen.
Nachtkühle dringt in die Wände hinein.
Zitternde Blätter mit Kupfer begossen
fallen zu Boden – mich schaudert –
bald wird Winter sein.

Vor meinem Fenster kann ich
den Buchenwald sehen,
die kurze Dauer seiner herbstlichen Pracht
ist im Nebel versunken,
die Bäume müd und alt aussehen,
resignierend, das Licht verliert sich in der länger werdenden Nacht.

Zeit des Gedichts.
Um mich traumumwobene Stille,
die mich zu Tränen erregt,
auf dem weißen Blatt
sammeln sich Wörter,
in mir stärkt sich der Wille
sie einzuordnen, auf eine mir vertraute Art,

die erstaunlicherweise die Leere bezwingt.
Aus ferner Jugend mich eine Stimme erreicht.
Ihr weicher Ton wie
fließendes Herzblut erklingt.
Ihre heilende Kraft einem Zauber gleicht.

Meine Sehnsucht wird milder,
die Gedanken erträglich.
Stunden vergehen in wohltuender Ruh.
Allein der Wind durchs Geäst murmelt kläglich
und gesellt sich zu schlafenden Geistern dazu.

Vergebens

Vergebens suche ich nach Beständigkeit,
nach einem Heimatort, nach Sein.
Des Lebens Strom stets zieht mich hinein
in seinen tiefen Sog der Flüchtigkeit.

Ich fließe wehrlos mit durch Raum und Zeit
und ahne nicht, wie es um mich bestellt.
Was für ein End hat Gott für mich gewählt?!
Er spricht kein Wort mit mir,
noch lacht, noch weint

Mein Schicksal lenkt er stumm, doch ohne List.
Vertrauend füg ich mich dem Himmelslicht,
im Stillen hoffend, Gott vergisst mich nicht.
Und Seelenfrieden sich über mich ergießt.

Verliebt ohne Ablaufdatum

Unter Einsatz des wandernden Traums
im Zauber des Wunders versponnen,
der Geist lauscht, das Geflüster der Liebe
zu neuen Abenteuern gesonnen,

mein Ich, auf den Wellen
des Wahnes will treiben,
durch sonnige Täler und sandige Küsten,
bis zu der sagenumwobenen Mündung
ins Reich von glühenden Lüsten,

die aus unerschöpflichen Quellen entspringen.
Liebe durchdrungen, unterm leuchtenden Blau,
wo die Leidenschaftsglut
immer neu sich entzündet,
immer neu stellt sich
willig zur lodernden Schau.

Nur wir allein, vom Glücke gestillt,
liebend im Herzen, mit fühlenden Sinnen,
von Sorgen befreit, in Seligkeit wiegend,
den Tag fröhlich und dankbar beginnen.

Verloren geglaubte Welt

Hinter verdunkelten Schneewolken,
die sich auf das vereinsamte Feld
fallen lassen,
um das kalte Gut zu verladen,
dort hinter den Wolken
sehe ich, wenn auch nur ansatzweise,
meine frühere Welt mit ihren vielen Orten.
Im Licht der Erinnerung
das Herz flippt aus,
die Augen gehen über
und eine Stimme ruft verlockend
nach meinem Namen.

Welchem Mund du auch gehörst, Stimme,
lass mich in meiner irdischen Dämmerung,
an die ich gekettet bin,
noch eine Zeit mich mühen
mit mir und meinen Gedanken,
die immer tiefer, verknoteter,
grübelnder werden,
die mir vorhalten,
ihrem Gang nicht schnell genug
folgen können.

Der Tag wird kommen.
Mit einem Augenwink wird er
dem zerrenden Warten ein Ende setzen
und macht der Seele die Bahn frei,
zu einem Fest des Wiedersehens
mit der verloren geglaubten früheren Welt.

Verlorene Heimat

Wie Laub des Herbstes still zu Boden fiel,
die kargen Jahre aus jener dunklen Welt,
doch immer noch die Seele mächtig hält
der Heimat zähe Treue als lebenslanges Ziel.

Schmerz tragend, von Haus und Hof vertrieben
des Krieges Fratze zeitig zu entkommen,
verzweifelt wissend, nicht zurückzukommen,
ein stummes, tiefes Leid, das dir geblieben.

Mit Pferdewagen oder Ochsenkarren
auf einem langen Weg dahin,
von Furcht gequält durch Felder ziehen,
bemüht, in sich es zu bewahren,

die Heimatbilder in dem hellen Schein,
die wie Karpatenbäume wurzeltief
verankert waren, während in Strömen lief
verzehrend Trauer in dein Herz hinein.

Wer Heimatweh nicht kennt, versteht es nicht,
was es heißt, Heimat zu verlieren,
wenn die Gedanken in Stürmen rebellieren,
einen Weg zu finden durch das karge Licht.

Das Schicksal führte dich in fremde Welten,
mitgenommen hast du nur deinen Fleiß.
In Demut vor dem Herrn, voll Geheiß
neue Lebenspläne in dir schwebten.

Irgendwann begannst du neues Leben,
ein Haus zu bauen, um darin zu verweilen,
die alten Wunden fingen an zu heilen,
so wurde deinem Dasein neuer Sinn gegeben.

Doch Heimwehfeuer löschte sich nie aus,
dein Herz dich in die Heimat öfters führt.
Die Kirche scheu betrittst du, tief gerührt
Du warst getauft in diesem Gotteshaus.

Und suchst im Dorf, gewärmt vom Tageslicht,
nach Kindheitsspuren,
die schon längst verwesen,
als wärst du niemals dort gewesen
und Wehmutstränen fließen ins Gesicht!

Verlorenes Sommerglück

In der Stille der Abenddämmerung
das vertrocknete Gras seufzt bitterlich.
Durch die schwer gewordene Luft
eine leichte Brise hebt sein schweres Leid
und es lässt sich nieder in dem laublosen Wald,
um sich mit dem Stöhnen
der Bäume,
um im Gleichklang zu fließen
auf der Suche nach verlorenem Sommerglück.

Verrückt

Tückisch grinsend durch die Dunkelheit
Der totgeglaubte Zweifel
sich ans Fenster drängt
Sein Atem, keuchend,
nach frischer Nahrung schreit
Die alte Angst am Schlag des Herzens hängt.

Erinnerungen aus verdammten Zeiten
Triumphierend ihr Unwesen treiben
In Siegesfreude durch des Geistes Weiten
Und hinterlistig sich die Hände reiben.

Der Zweifel hat dich wieder fest umklammert
Du stehst da als wärest du in Trance
Seine geballte Macht hat er um dich gesammelt
Ihr zu entkommen du hattest keine Chance.

Ängstlich, vor dem Abgrund deiner Träume
Stumm, die Augen nass vor Tränen
Hoffnungsarm und leeren Geistes Räume
Und dennoch deine Sinne – verrückt? –
nach ihm sich sehnen.

Versöhnendes Lebensgefühl

Wenn auch oft des Lebens Tücken
Fallen auf dem Weg mir stellen,
Gotteshand stützt meinen Rücken,
so wird mir an Kraft nicht fehlen,

mich vor Sturzgefahr zu retten
aufrechte Schritte lenken,
dem Verdruss entgegentreten
und die Lebenszeit schön denken.

Es ist so, ich leb vom Leben,
es nährt mich mit Brot und Licht,
schenkt mir Träume, die nie sterben,
nur das End', das zeigt mir nicht!

Ich will keine Fragen stellen,
nichts verdammen, nichts bereuen.
Auf dem Rest des Lebens Wellen
will ich schwimmen, leiden, freuen!

Versöhnung mit dem Herbst

Herbst verdrängt die Sommerschwüle,
träge durch die Luft er gleitet,
allerorts sein Weh verbreitet
mit der Kraft des Himmels Wille.

So beglückt in Gold und Rot,
abends Berg und Wälder träumen,
noch getrennt von dunklen Räumen,
wo geduldig harrt der Tod.

Meine Seele tief entspannt
schwelgt in die Vergangenheit,
eine bunte, leichte Zeit,
die ich aller Orten fand.

Eine Sinnestäuschung sachte
führte mich für eine Weile
in die schönsten Erdenteile,
wo die Jugend ich verbrachte.

Alles, was mir nahestand,
liegt nun fern und schmerzt so süß
und ich lächelnd weinen muss,
stehend an des Lebens Rand.

Höre auf, mein Herz, zu stöhnen!
Ist der Herbst so tröstend, mild,
du magst nicht mehr laut und wild,
lass uns mit dem Herbst versöhnen.

Verstimmtes Herz

Von Irgendwo ein dumpfes Schallen
kommt dir zu Ohr, doch rings umher
das weite Land ist menschenleer,
du siehst nur die Blätter fallen.

Aus ihrem toten Fall zur Erde
wird ein neuer Schmerz geboren.
Das alte Glück geht leis verloren
im Dauerkreis der Zeitenwende.

Die Tage gehen blind und stumm,
unaufhaltsam, Schritt für Schritt.
Mit dieser Welle schwimmst du mit,
du weinst und weißt nicht, warum!

Vertrautes Glück

So bist du wieder in dem grünen Wald
dem Lärm der großen Stadt entkommen.
Vertrautes Glück hat dir die Angst genommen
von schwerem Atem und feindlichem Asphalt.

Wie unbeschwert der Himmel ruht!
Noch keine Wolke trübt sein Blau.
Die Wiese glänzt im Morgentau,
schwelgend in der Wonnenglut.

Was dir im Trug, dem Großstadtglanz
verloren ging, findest du im Wald wieder.
Mit dir im Einklang schließt du die Augenlider
und fühlst des Lebens Freudentanz.

Verwandlung der Dinge

Das Dunkel fällt unheimlich still.
Vom Wind gepeitscht die dürren Äste stöhnen.
Meine Gedanken wandern ohne Ziel.
Mein Geist im tiefen Chaos versponnen,

will sich von banger Last befreien.
Ob es sich lohnt, den anderen Weg zu gehen
als den des Traums –
mir ist, als wollt ich schreien.
Du wirrer Geist – lass mich das Leben sehen,

verträumt, an ihm nicht festgebunden.
Des Alltags Dinge mich erdrücken.
Im Alleinsein hab ich mein Glück gefunden
und keinen Schritt will ich von ihm abrücken.

...

Die Wolken sammeln sich – ein Himmelsspiel.
Der Regenduft befällt das weite Tal,
in Dunkelheit verliert sich das Profil
des Gartens – ein lauter Donnerschall

im wilden Zorn durchdringt die Atmosphäre.
Die Luft erzittert, Gewitterblitze toben
einander jagend, versickern in die Leere,
flutend, aus dem hohen Berg da droben,

zügellos im dumpfen Fall der Regen.
Lässt Erde, See und den Wald erblinden.
Doch bald der Wind mit leichten Flügelschlägen
vertreibt die Wolken, die wehrlos entschwinden.

...

Himmelssterne durch mein Fenster blinken.
O Nacht, wie sorgenlos du bist!
Geheimnis tragend, deine Träume winken,
ein Zauber, der dir eigen ist.

In deinen Augen schimmert Mondeslicht,
durch deinen Atem strömt der Frieden.
Du wiegst im Schlaf die Schöpfung,
bis der Tag anbricht.
Die Dichtermuse lässt du Verse schmieden.

Vollmond

Vollmond, wie ich dich beneide,
wie du leise, grinsend, stumm
wandelst durch die Himmelsweite,
um dich Sterne rundherum,

sich um deine Gunst bemühen.
Ihre Blicke zu dir streben,
dichter sie zusammenziehen,
um dir einen Kranz zu weben.

Du vernimmst ein leichtes Wimmern,
wandelst weiter souverän
auf dem nachtbedeckten Himmel,
gold bekränzt als stolzer Stern.

Wenn auch launisch dein Wesen,
du berührst die Dichterwelt,
die dich preist im Vers, erlesen,
Mond du kühler, Nacht umstellt.

Von Sehnsucht getrieben

Sehnsucht treibt dich immerfort,
einmal da und einmal dort,
träumend durch die Sterne.
Glaubst du, mal die Ruh gefunden,
wenigstens für ein paar Stunden,
schon ruft dich die Ferne.

Irgendwo und nirgends hin
suchst du stets den Lebenssinn,
seltsam – immerzu.
Durch die Zeit im vollen Lauf,
mit dem Wind im Ab und Auf
und du weißt nicht, wozu.

Vor deinem Bilde

Wenn ich vor deinem Bilde manchmal steh,
ich male mir im Geiste deine Himmelswelt.
Was für eine Macht so fest dich hält
dort droben? Wie trostlos ohne dich, mein Weh!

Ich hol mir vor die Augen jene Zeit,
die sorglos war, als ich an deiner Seite
im Glücke stand – nun bin ich bang und leide
trauernd um die tote Seligkeit!

Der Tag bricht ein, von Erde Uhr getrieben
durchs Fenster sickert zögernd Sonnenschein,
hüllt mich still in milde Wärme ein,
ein Restchen Glück ist mir doch noch geblieben!

Wachstumsdrang

Vor meinem Fenster steht ein schlanker Baum,
eng umarmt von dichten Efeuranken.
Er fühlt sich wohl in dem begrünten Raum,
doch sein Wipfel, versunken in Gedanken,

will frei und klar den weiten Himmel sehen.
Im Wachstumsdrang ihm näher sein,
Wolkenfelder, die ihm im Wege stehen
vertreibt er mit des Windes Kraft allein.

Meisen, Amseln, Spatzen wohnen auch bei ihm
ohne Unterlass das ganze Jahr.
Ein trauter Bund, ein eingespieltes Team,
so wie in der Natur es immer war.

Ein Friedensbild in den gereizten Zeiten,
Augenweide im frühlingsmilden Schein,
der Geist kann so umgehen
die grauen Wirklichkeiten.
Des Tages Sorgen werden schwach und klein.

Was morgen kommen wird,
will ich nicht wissen.
Die Zeit mit Ungewissheit totzuschlagen,
Grübeleien aufzubürden dem Gewissen,
sich selbst zu stellen zweifelsvollen Fragen?

Ist Narretei, ist Stillstand ohne Sinn,
allein das Heute ist gelebte Zeit,
nur gegenwärtig ich lebendig bin
danach zu trachten ist mein Ich bereit!

Vorbote des Winters

Wenn die Sonne fallend
dem Horizont sich neigt,
die verstaubte Wiese im
braunen Kleid sich zeigt.
Feine Seidenfedern in den Gräsern zittern
und des Waldes Tiere Veränderungen wittern,
wenn die langen Nächte kalte Träume spinnen,
feuchte Nebelschwaden Überhand gewinnen,
von dem Berg Schneeflocken
im beschwingten Tanz
sich dem Tale nähern, mich schaudert ganz.
Wenn ich überstehe die lange Winterschwere,
dann schreibe ich zehn Gedichte,
der Sommerzeit zur Ehre!

Wandern in der Nacht

Wandernd durch die dunkle Nacht,
weitab von der schrillen Welt
der Wind mich so traurig macht,
wenn er vom Vergehen erzählt!

Oben zeigt sich leblos, kühl
des Mondes wolkenfreie Stirn,
traumbetäubt ich wandle still,
wenn ich wüsste nur, wohin?!

Einer Sehnsucht tiefer Gang
führt mich auf geheime Spur.
Einer Stimme süßer Klang,
heilig wie ein Liebesschwur,

ruft mich aus fernen Weiten.
Ach wie sanft erreicht sie mich,
Stimme aus Jugendzeiten
heilungsbringend sicherlich.

Was kümmert's mich

Was kümmert's mich, wenn an
der Wand die Uhr
schlägt Mitternacht mit
ihrem grellen Schrecken,
als wolle sie mich aus dem Traum erwecken.
Jäh entschwindet des Mondes letzte Spur.

Beschützt und selig in der Finsternis,
in der Gesellschaft meiner Einsamkeit,
ungetrübt und still zerfließt die Zeit,
mit ihr auch meines Lebens Bitternis.

Das Herz der Welt besteht aus Heuchelei,
welch mir nur Spott entlocken kann.
Ganz unbeteiligt blick ich dann und wann
zu diesem Spiel und denk nicht viel dabei.

Mit Friedensbild in meiner Seele drin,
ich möchte lieber durch die Wälder gehen,
in deren Schutz der Schöpfung Schönheit sehen
und dann getrost mit tief vergnügtem Sinn

und neu gewonnener Kraft aus dieser Stille,
durch bunt bestickte Wiesen froh gestimmt
und glücklich, wenn mein Ohr vernimmt
den lauten Ruf einer vergnügten Grille.

Als Wanderer zu sehen, wie das Land
mit leisen Schritten müde schlafen geht,
ob mir das Leid am Tor des Herzens steht
oder das Glück – über mein Los
Gott selbst hält seine Hand!

Wehmut

Ehe Feld und Flur in dunklem Spätherbst sinkt,
ein letzter Sonnenstrahl dem Garten winkt.
Die ersten Fröste hinterm Berg sich halten,
noch lassen sie ein bisschen Wärme walten.

Späte Blumen in Dankbarkeit sie preisen
die warmen Strahlen, ehe sie vereisen.
Das Kleingetier im Wald hat sich verkrochen.
Ein letzter Wunsch,
der Mensch hat noch gesprochen;

bevor das Kleid des Winters fällt
und See erfrieren lässt und Feld,
schenk uns ein warmes Lächeln nur,
dann kannst du folgen deiner kalten Spur!

Weihnachten

Die Erde atmet wieder des
Himmels kalten Hauch,
aus den Kaminen zitternd
gemächlich steigt der Rauch.
Die sanfte Zeit tritt näher,
in Häusern brennen Kerzen
und warmer Schein der Lichter
bringt Hoffnung in die Herzen.

Mild duftend Tannenkränze –
ein tröstlicher Anblick!
Das helle Kleid der Kindheit
zur Weihnacht kehrt zurück
und weiß und schön die Seele
und schimmernd wie der Wald
im Zauber des Winters,
die Heilige Nacht kommt bald.

Auf alten Spuren müde der
Wind in dieser Zeit
im Schatten hoher Berge er
träumerisch verweilt.
Süß wie ein Klang des Himmels
erschallt mit einem Mal
der Glocke fromme Laute weit
über Berg und Tal.

Erwacht aus seinem Schlafe,
kalt steht der Wald und offen
und über ihm die Sterne von
Leere arg betroffen.
In einem Wolkenschleier
verbergen sie den Schein
und Schnee flutet die Erde,
wie Schaum weiß und rein!

Inmitten einer Lichtung es
schlängelt sich die Quelle
durch moosbedeckte Steine
im Murmelklang der Welle.
Ein Reh am Rand des Dickichts
im Traum sich Bilder malt
von bunten Frühlingswiesen
und neu ergrüntem Wald.

Im Weihnachtsglück es drängt
sich in hellem Kerzenschein
und steigt aus fernen Zeiten
der Wunsch, ein Kind zu sein.
Wundersame Lieder, der Engelsstimme gleich,
ertönen sanft und leise
aus unserem Kinderreich.

Ein Hauch dieser Unschuld
mit ihrer sanften Hand
für eine Nacht uns führe in
Wunderweihnachtsland
und uns die Tore öffne,
die nun verschlossen sind
und sorglos lass uns treten,
wie schon so oft als Kind.

Und wenn der Sturm des
Winters die Erde überschneit,
gefolgt auf schwarzen Flügeln
von düsterem Geleit,
im Weihnachtsklang der Glocken
aus Kirchen hohen Türmen
die Freude tut sich auf und
hält stand allen Stürmen.

Weihnachtsvollmond

Das Weihnachtsvollmondlicht
hat gründlich abgesaugt
die Dunkelheit der Nacht.
Durch den verträumten Garten
leise wandern lang gezogene Schatten,
mein Blick verfolgt sie, bis der Morgen graut.

Der letzte Traum gibt
der Nacht die Ehre.
Dann schwindet er.
Wie fremd erscheint das Land!
Im Brand der Sehnsucht
mit langgestreckter Hand
ich such nach dir und taste in die Leere!

Durchs offene Fenster weht ein blauer Wind,
die Morgenluft mir kühl schlägt ins Gesicht.
Auf Flügeln trägt sie sanft verklärtes Licht,
mir Trost versprechend – der neue Tag beginnt!

Weihnachtszeit

Die Weihnachtszeit,
wenn Engelsstimmen singen,
will ich – abseits vom Trubel –
ganz allein verbringen
und gehe schweigend in den verschneiten Wald,
wo jeder Baum mir Weihnachtsbilder malt.
Hinträumend, hoffnungsvoll und still
verliere ich mich im tiefen Glücksgefühl.
In dieser freuderfüllten Stunde
zeigt sich ein Stern und ich gesunde.
Durch meinen Geist rollt her und hin
die Kinderzeit, die fest verankert drin
im Herzen ist und ich ein Mädchen bin.

Weinende Poesie

Es novembert im Lande,
so wie ungezählte Jahre zuvor.
Die abgestürzte Sonne am Rande
des Himmels ihre Wärme verlor.

Unheilbringende Stille
seelenlos geistert umher.
Feindlicher Wind schüttelt Kühle,
die Nächte hängen; Dunkelheit schwer.

Auf verwitterter Erde voll Schauder
dehnt sich, Schmerz tragend, die Melancholie.
Aus ihrer übersteigernden Trauer
tröpfelt weinende Poesie!

Weiße Tüpfchen

Tausend weiße Tüpfchen, klein, bescheiden,
in ihrem Kleid sie bringen Frühling mit.
Die Sonnenwärme können sie gut leiden.
Ihre Zartheit schlicht die Wiese ziert.

In perfekter Symbiose mit der Sonne
sie blühen freudig in des Tages Licht.
Am Abend, wenn die Sonne untergeht
und aus dem Himmel Dunkelheit einbricht,

dankbar schließen sie die Augen zu.
In ihrem Antlitz sammeln sich die Träume.
Fast atemlos sie gönnen sich die Ruh
in dem weichen Schoß der Erdenräume,

um dann am Morgen aufs Neue zu erblühen.
Du Gänseblümchen den Blick
zu Gott du lenkst,
klein dein Erscheinen, und
doch durchrauscht vom Leben
und groß das Glück, das du uns schenkst.

Welle des Verwandlungsflusses

Was mir begegnet ist auf meinem Lebenswege,
festhalten wollte ich die Zauberbilder,
die in dem Schönheitswettbewerbsgedränge
empor sich wölbten wie
hell leuchtende Schilder.

Haselnussgewächse in Fülle eng verflochten,
wie treue Wächter auf den Feldern standen,
alle Kapriolen der vielen Jahreszeiten
unerschütterlich sie überstanden.

Brombeerkletten zwischen den steilen Felsen,
sie drängten sich – Eroberung im Sinn,
festentschlossen, einen Wert zu geben
der kargen Landschaft, die nutzlos erschien.

Holunderstauden in der Frühlingssonne,
sie schmückten sich mit weißen Girlanden.
Der Buchenwald mit hoch gesetzter Krone,
wo die Vögel eine Bleibe fanden.

All diese Dinge verließen irgendwann
den alten Platz, um neu aufzuerstehen.
Mit der Welle des Verwandlungsflusses
einmal, mit ihr, auch ich werd untergehen,

um auf dem Staub neu wieder zu entstehen,
doch nicht als Mensch,
das halt ich für entbehrlich.
Unter Lügen, Neid und Heucheleien
ist mein Menschendasein schwer erträglich.

Lass mich ein Baum werden,
oh Herr, in tiefstem Wald
an eigenem Stamm zu
finden einen soliden Halt!

Welt der Träume

Gewitterwolken sind schon weggezogen.
Am Himmel zeigt sich traumumkost der Mond.
Des Laubes Glanz erlischt in lauen Wogen,
an des Wetters Launenhaftigkeit gewohnt.

All meine Sinne, des Tages Laut müd,
vom Schlaf beraubt, sie gleiten sacht
ins Reich der Nacht, wo auch das Denken ruht,
als wäre dort mein Herzensglück vollbracht.

Der Sehnsucht süßes Weh
muss draußen warten.
Ihr Klagelied, ich hör es nicht.
Die Nachtdämonen kreisen in dem Garten
konturenhaft im kargen Mondeslicht.

O Welt des Traums, lass mich in deiner Fülle
mich tief berauschen und halte um mich Wacht.
Trag mich zum Strome, erhabene Gefühle,
lass Stille stiller sein in dieser Nacht.

Wenn der Morgen ...

Wenn der Morgen grau und trostlos ist
Bleib hoffnungsvoll, denn bald
der Nebelschleier
flieht klagend leis, und du wirst freier
und alles kehrt zurück, was du vermisst.

Noch hält sich still die Sonne irgendwo
hinter dem Berg, doch ahnst du schon, das Licht
des Waldes Stimme von Ferne leise spricht,
schon das alleine macht dich reich und froh.

Goldregenstrauch steht
knapp vor dem Erblühen.
In seinen Knospen Frühling sich verbirgt,
der lächelnd in die Gärten neues Leben bringt
und Sonne wird in dieser Pracht erglühen.

Die Sehkraft des Tages stärker wird,
dem warmen Wind die Wolken müssen weichen
und tausend Wunder werden dich erreichen
o Frühlingszeit, der Schöpfung schönstes Kind!

Wenn des Abends

Wenn des Abends Sonnenlicht
schräg auf Waldeswege fällt,
wenn der Wind von Träumen spricht
mit dem müd gewordenen Feld,
bleib ich still und atme nur
die Essenzen der Natur.

Graue Wolken segeln wirr
in des Himmels ferne Weite.
Wolken, leidet auch ihr,
wie so oft ich leide?
Mond kommt aus dem Wald heraus.
Einsamkeit, bring mich nach Haus!

Wenn die Hand

Freudig mühelos mein Geist,
Tag für Tag in strenger Pflicht,
sammelt aus der Lebensweite
Wort um Wort für ein Gedicht.

Wenn die Hand vom Schreiben müde
sucht nach Rast und hält sich still,
dann beginne ich zu sinnen,
was will ich, was ist mein Ziel?!

Wie dann, wenn des Schreibens Quelle
ausgeschöpft, kraftlos versiegt,
wenn vom leeren Raum umgeben
auch der Geist im Dunkeln liegt?!

Ach, ihr düstere Gedanken,
wenn auch feindlich euer Bestreben,
meines Herzens Licht und Wille
wird sich über euch erheben.

Ihre ungeahnten Stärken
schenken Hoffnung mir und Kraft,
durch die Müh und Not zu retten
meine Geistesleidenschaft.

Wenn ich einmal nicht mehr bin

Wenn die Uhr der Zeit
mein Ablaufdatum beschlossen,
dieser Augenblick
verbirgt in sich das größte Mysterium
zwischen Himmel und Erde!
Im Angesicht meines Vergehens
schließe ich in meinem Inneren
das letzte Rauschen der Blätter,
das Geflüster des Waldes,
des Windes Murmeln,
welches sich mit dem Vogelgesang
fortdauernd einstimmt, ein.
All das will ich mitnehmen
als Erinnerung meiner irdischen Existenz
auf dem Weg hoch über den Wolken
hin zu der unendlichen Ewigkeit.

Sinnend stelle ich fest;
das Leben war ein Traum,
ein Warten in der Dunkelheit
auf einen lichtdurchfluteten Tag.
Mein Geist, lebendige Fantasie
stets nach der Stille suchend
und dennoch reich an Worten,
die nur mit mir sprachen.
So fühlte ich mich
im perfekten Dialog
mit dem Echo einer Stimme
aus vertrauter Ferne,
die über die Schönheit
außerhalb der Erde erzählte.
Die gesammelten Worte
in einem Bukett gebunden
nannte ich „Liebkosungen",
eine andere Bezeichnung für Gedichte,
in deren Seele mein Name sich verbirgt
als bewegendes Zeichen des Geistes,
welcher stets meine Reise geleitet.
Mögen die geschriebenen Worte
als Geschenk meines Herzens
im Gedächtnis der Erde
weiterleben!

Wenn ich noch einmal beginnen könnte

Ganz von vorne zu beginnen?!
Meine Uhr zurückzudrehen?!
Gott hat in seinem Vermächtnis
dieses Spiel nicht vorgesehen.

Wenn dennoch meine Gedanken
durch des Geistes Labyrinth
einen Weg zurück sich bahnen,
als ich war ein kleines Kind,

folgend, dann das Bunt erlebte,
durch die vielen Lebensgassen,
ob es falsch war oder richtig,
ich will alles so belassen,

wie es war und wie es ist.
Ein Bund mit der Mutter Erde,
der mich hält, mich sicher führt,
stets mit trauter Gebärde.

Ich stell mir noch einmal die Frage:
„Wär ein Neubeginn mir wichtig?"
„Nein", ist meine knappe Antwort,
„was ich tat, war alles richtig."

Jedoch, was ich gerne hätte,
Gott, notiere den Vermerk:
„Schenk mir Zeit, um zu vollenden
mein herzfrommes Lebenswerk!"

Wie eine Fremde

Wie eine Fremde ziehst du durch das Land
nach etwas suchend, das dir verschlossen ist.
Es ist die Sehnsucht, die dein Herz entbrannt.
Er ahnt es nicht, wie sehr
dein Leben ihn vermisst.

Ohne Ruh, ziellos die Schritte gleiten,
die Zeit dir keine Rast gewährt,
so plagst du dich im stummen Leiden,
welches dir den Lebensweg erschwert.

Der müde Schritt wird Mal betreten
ein Neuland und ein Neubeginn,
der gütig auf verlassenen Fährten
Schatten streut, die mit dem Winde ziehen.

Vergessen wird die Last der alten Zeiten,
in deinem Geist du neue Hoffnung hegst,
du schaust, wie die Sterne auf den See gleiten
und freust dich ganz im Stillen, dass du lebst.

Wie oft bist du

Wie oft bist du durch diesen Zauberwald
gegangen mit beschwingtem Schritt.
Auf deinem Weg nahmst du die Sehnsucht mit,
als suchtest du nach einem festen Halt,

nach Wärme, Liebe, nach vertrautem Land,
was du bis heute nicht gefunden.
Doch immer noch, wie schon in diesen Stunden,
du brichst des Zweifels schwarze Wand,

hoffst unbeirrt, von Träumen sanft gewiegt
und lässt dich gern von Waldeskraft entführen.
Du willst der Bäume Wunderheilung spüren,
an deren Gnade Gottes Wille liegt!

Es tut dir wohl, die Abendröte sehen!
Du greifst nach ihr, die sich nicht halten lässt,
doch wenn die Kühle dir entgegenbläst,
dann ist die Zeit, nach Hause zu gehen.

Wie schön ich's habe

Ich bin allein
beim Tisch und schreibe
und freue mich,
Wie schön ich's habe.

Gedanken schwirren
schrankenlos
und niemand ahnt
mein stilles Los.

Frühlingsfreude
füllt den Tag
und schneller pocht
des Herzens Schlag.

Durchs Fenster winkt
mir Sonne zu.
Beglückend meine
Seelenruh.

Wie soll man Stille beschreiben

Die Stille ist wie ein leichtes Vibrieren.
Auch Stimme der Lüfte
kann man sie definieren.
Sie ist nah verwandt mit der Ruh.
Man hört sie nur dann,
wenn man bereit ist dazu.
Die Stille ist vielmehr ein Gefühl
als Gegengewicht zu dem Weltengewühl.
Sie hat keine Form, ist taub und blind
und dennoch kraftsprühend, heilbringend, lind.
Dem Geiste sie bietet Zeit zu entspannen,
ohne zu denken, zu grübeln, zu planen.
Mit sich selbst im Einklang, du und die Zeit,
ein verlockendes Schweigen, ein süchtiges Leid.

Wiederkehr des Glücks

Vor meinem Fenster blüht der Frühlingsflieder,
noch nie zuvor war seine Pracht so schwer.
Durch seine Blätter geht ein leises Stöhnen
vom lauen Wind geschaukelt hin und her.

Beschmückt mit dichten, violetten Kelchen
erstreckt er seine Arme sanft und weich.
Vom Sonnenstrahl gestreift,
fließt durch die Lüfte
der süße Duft aus seinem Blütenreich.

In meinem Garten er, der Frühlingsflieder,
überragend in dem Blütenmeer,
in seinem Wohlgeruch erwachen alle Sinne.
Sei dankbar Herz, des Frühlings Wiederkehr.

Winter in Trotzhaltung

Wolkenzüge schaurig glasen,
Flocken durch die Lüfte rasen.
Frühling in Geburtenweh
kämpft mit letztem Restchen Schnee.
Winter will doch nicht versäumen,
sich noch einmal aufzubäumen
und mit allerletzter Kraft
hat er schließlich doch geschafft,
eng zu ziehen seine Netze,
so in Panik er versetzte
Menschen, Tiere, Wald und Flur,
kurz zu nennen – die Natur.

Winter, Ungeheuer du,
halte still und hör mir zu,
deine drängende Tendenz,
die verzögern will den Lenz,
das ist Starrsinn ohne Sinn,
denn im März bist du dahin.

Winterliches Unbehagen

Frost. Vereister Schnee. Ostwind.
Jeden Tag ein Bild der Trauer,
dicht umhüllt in Nebelschauer,
die Natur verstummt und blind

döst dahin, ihr Wesen kränklich,
einsam fühlt sich Mensch und Wald.
Ringsumher ist's öd und kalt.
Winter, geh, verschwinde endlich!

Ewig tiefe Sehnsuchtswunden
nachts an meine Seele nagen.
Wie lang soll ich dies ertragen?
Stille, bringe mich nach Süden.

Winterschwere

Der Himmel weint, die Erde stöhnt.
Durch das Gezweig ein Leid ertönt,
durchdringt im Flug die Atmosphäre,
schon ahne ich des Winters Schwere!
Winter, ungeliebter du,
halt noch deine Tore zu.
Jetzt will ich des Herbstes Glühen,
das bildhafte Berglicht frühe,
an dem Herbste reifen Farben
will ich mich genüsslich laben.

Winterspuk

Tief verschneite Gärten im April,
sie glaubten noch zu träumen.
Unter dem weißen Kleid sie halten still,
um den letzten Traum nicht zu versäumen.

An einem Eck wie eine kleine Sonne
zu früh aufgeblüht
eine Narzisse schüttelt
die schneebedeckte Krone,
fest entschlossen, trotzig, ausgeruht,

setzt sich dem Wind entgegen, will bestehen
die Prüfung, die ihr auferlegt,
will senkrecht bleiben, mit dem Winde wehen.
Wie stolz sie Mut und Würde trägt.

Auf ihrem goldenen Gewand
glänzt Frühling – das ist Beweis genug -
und reicht der Welt die glückschenkende Hand,
schon Morgen wird dahin der Winterspuk!

Wintertag am Traunsee

Ein Wintertag mit mürrischem Gesicht
schleppt sich träge durch die Atmosphäre.
Mit sich selbst unzufrieden,
geizend mit dem Licht,
als diese Zeit nicht sein Zuhause wäre!

Der Möwen lauter Zank am Traunsee,
stets sein Unbehagen steigt,
der Menschen Stimmen ganz in seiner Nähe,
fremd, unbeteiligt, spöttisch er sich zeigt.

Er grübelt still über des Daseins Sinn!
Blickt zuckend zu dem Traunstein,
fängt an zu schneien und dämmert vor sich hin,
verzagt und bitter, bis in die Nacht hinein.

Wohnortswechsel

Du fragst mich – zum wievielten Mal?
„Warum wechselst du den Ort?"
Meine Antwort:
„Ob ich da bin oder dort,
ich bin Fremde überall."

Wolkenspiel

Wie ein rund gezogener Strich,
ein paar Wolken zeigen sich.
Dort wo noch der Himmel blau
stellen sie gekonnt zur Schau
noch ein Freudenfest der Welt,
eh der dunkle Schleier fällt.

Zauber des Gedichts

Wenn jemand meint, Gedichte schreiben
ist sinnloses Zeitvertreiben,
Vers gekritzeltes Geschwätz,
der trägt Defizit im Herz.

Dem fehlt tiefgehendes Gefühl,
empfindet seicht das Leben, kühl.
Er kennt nicht des Traumes Macht,
zum Schlafen nur für ihn die Nacht.

Himmel ist doch selbst Poet.
Wenn der Wind gemächlich weht,
Wolken durch die Lüfte treiben,
die mit Kreide Verse schreiben.

Ein empfindsames Gemüt
sieht hinauf und fühlt sich gut,
von diesem Bild angezogen,
es will hoch auf Windes Wogen.

Lächelnd, Gott zeigt aus der Fern,
solche Menschen hat er gern.
Und macht ihnen Mut zu schreiben,
mit Schöngeist die Zeit zu vertreiben.

Zauber einer Frühlingsnacht

Du atmest tief, im süßen Schlaf gefangen,
der Hast gewichen, du träumst die heile Welt.
Die Gartenblumen im Schein
des Mondes prangen
farbenfroh wie Bilder dargestellt.

Wie viele Stunden bin ich wach geblieben?!
Du machst die Augen auf und siehst mich an.
Vertraute Morgenröte hat die Nacht vertrieben.
Wie schön beginnt der Tag, geliebter Mann!

Des Himmels Brand schon
bald auf Wolkensäumen
zerrinnt ins unbekannte Land.
Die Amseln singen in frisch ergrünten Bäumen.
Noch halb im Schlaf du
suchst nach meiner Hand.

Über dem Berg zum Tal der Wind erwacht.
Kommt sanft zu mir, als wolle er mir sagen,
wie viele Zaubereien lagen
in der Nacht, die ich mit dir verbracht.

**Zu deinem schönsten
Kapitel des Lebens
Dir Alexandra**

Es ist soweit, der Frühherbst ist im Kommen,
farbenfroh beschmückt, ein gutes Omen.
Eine lange Zeit der Lebensmühe
schließt das Kapitel mit der Rentenruhe!

Du blickst zurück, beäugst die alte Lage,
das Haupt gedankenvoll, doch ohne Klage.
Du siehst getrost zerronnenes Leid und Glück,
ein buntes Bild, so nah und doch Jahre weit,
vorbei, verwelkt und kommt nicht mehr zurück,
so hat im Leben alles seine Zeit.
Ein Ende birgt es in sich, ein Neubeginn,
neue Ziele hast du fest im Sinn.
Die Wanderlust ruft laut aus der Ferne
mit Enkel, Mann und
Wohnmobil verreist du gerne.
Auch Rasenmähen, Blumen- und Gemüsegarten
freuderfüllt auf deine Pflege warten.

Nach hoffnungsvollem langen Suchen,
so kannst du als Erfolg verbuchen,
auf des Lebens Kontostand
dein Wunsch – Erfüllung wird genannt.
Ein schönes Heim, ein treuer Mann,
auf den man sich verlassen kann.
Kinder, Enkel – lieben dich.
Das ist doch Freude sicherlich!

Wenn auch die Gesundheit fast im Lot,
dann soll man sagen – ich dank dir, Gott!

Petruta, Jänner 2022

Zu zweit

Der Herbst hält Einzug übers weite Land.
Die Gartenfrucht, gereift, löst sich vom Ast.
Vertrauensvoll ich reiche dir die Hand
in Dankbarkeit für das,
was du geschenkt mir hast.

Auf des Herbstes Spur zu zweit gehen,
ein neuer Weg, sei er noch so weit.
Wenn zarte Hoffnungstriebe uns umwehen,
auf diesem Weg wir gehen froh zu zweit.

Noch gibt der Herbst uns gütig sanfte Wärme.
Ringsum das Land schläft
friedlich wie ein Kind.
Über den Hügel ziehen weiße Wolkenschwärme,
lautlos getragen von müd gewordenem Wind.

Der Himmel gleicht einer verwaisten Stätte,
seit die Schwalben fortgeflogen,
der buntgefärbte Wald hält noch die Kälte
in seinem dichten Laub verborgen.

Wie viele Stunden sind wir schon gegangen?!!
Du blickst mich an
und sagst: „Wie schön du bist!"
Von der Abendröte Zauberschein umfangen
des Lebens Pflicht sich mühelos vergisst.

Zum Abschied

Zum Abschied geb ich ihm auf seine Wege,
wohin sie ihn auch führen – meine Liebe mit!
Er soll wissen, wie treu meine Gedanken
den ganzen Tag begleiten seinen Schritt.

Ein neuer Tag des Glücks wird wieder kommen.
Selbst wenn ein leiser Zweifel schleicht sich ein,
er kann mir nicht die Hoffnung rauben.
Du, streng wertender Geist, schlaf endlich ein!

Lass die Träume wachen um sein Haus,
angstfrei in schutzbemühte Nacht,
bis der Himmelsschein der Morgenbrände
ihm, wie ein alter Freund, entgegen lacht.

Zweifel und Trost

Sinnend fragst du dich –
was macht dein Leben aus?!
Was bindet dich an seiner schmalen Spur?!
Der Weltglanz ist es nicht,
auch nicht dein Haus.
Es ist ein Treuebund mit der Natur.

In seiner Schönheit immer jung erstrahlen,
das Erdenreich mit seinen bunten Fluren,
Wolken, die am Himmel Fabelbilder malen
und die enorme Vielfaltzahl der Kreaturen.

Du sahst die Welt in deinen jungen Jahren
wie eine helle Bühne, frühlingshaft.
Hoffnung, Freude, Neugier
deine Freunde waren.
Im Rauschdrang du trankst den Lebenssaft.

Da die Jugend – vergänglich wie ein Gruß
für ewig lässt sich nicht bewahren,
dem Lauf der Zeit sie schleichend weichen muss,
erst durchs Altern hast du dies erfahren.

An des Herbstes Schwelle angekommen,
rückwärts blickend durch die Nebelwand,
Gedanken müd und schweigsam,
leicht benommen,
doch nach Verglühtem greift
nicht mehr deine Hand.

Aus vielen Wünschen nur eins ist dir geblieben,
mit ihm will sich der Geist die Zeit vertreiben,
in der Natur auf weichem Boden liegen,
dem Glücke nah, so willst du träumen,
schreiben.

Wird dir vergönnt vor dem Nachhausegehen,
am Gipfel deines Ziels zu stehen?

Zwiegespräche

Schweigend, still unaufgefordert,
mit gekonnter Listigkeit
schlich sich so mit leisen Schritten
in dein Herz, die Einsamkeit.

Nun ist ihre Gegenwart
gleich dein Weh und Glück.
Einmal dieser Sucht verfallen,
du findest kein Zurück.

Auch wenn die Sehnsuchtsstimme
manchmal ruft nach Zweisamkeit,
bleibst du für den Rest des Lebens
treu der Macht der Einsamkeit.

Baust dir aus Traumes Zauber
eine andere Wirklichkeit.
Führst mit dir selber Zwiegespräche,
von Enttäuschungen befreit.

Mild vergehen Tage, Wochen …
Hat Herrgott dein End beschlossen,
auch die letzte Lebensseite
hat ihr Wirken abgeschlossen.

Zwielicht

Noch hängend an dem Saum der Nacht,
noch halb im Schlaf und halb erwacht,
dem langen Traum entwunden.
Der Morgenröte erster Strahl
streut Licht aufs bunt betupfte Tal.
Die Nacht ist überwunden.

Noch hält sich still der Erde Uhr.
Noch regt sich kaum die Natur.
Die Augen halb verschlossen,
dir banges Herz, befehle ich,
vom alten Groll befreie dich,
lass dich vom Glück liebkosen.

Durchs Morgentor mit kühler Stirne
betritt der Wind die Erdenbühne
im Dienste seiner Pflicht.
Geübt mit ausgedehnten Schwingen,
entschlossen seine Wehen durchdringen
das schimmlig graue Licht.

Doch langsam wächst des Tages Toben,
Tal und Berg mit Blick nach oben,
folgend Eos Pfade.
Ach du Natur, dein Angesicht
verjüngt sich stets im Frühlingslicht.
Wie sehr ich dich beneide.

Auf deinem Schoss lass mich verweilen,
mit dir die Lebensfreude teilen,
den Blick zum Himmelstor.
Lass mich auf die weiten Fluren
suchen nach der Jugend Spuren,
die ich längst verlor.

Natur mein Heil, dir nah verwandt
ich fühle mich – lass deine Hand
mein Herz berühren.
Mit dir vereint, befreit von Alltagspflicht,
von deiner Sanftheit in der Freiheit Licht,
lass ich mich gern entführen.

In einer Welt, die keine Schranken kennt,
von irdischer Missgunst getrennt,
von Angst und Zwang,
durchs Blumenfeld glückselig schweben,
hauchdünn erhaschen aus
unbeschwertem Leben,
wenn nur für einen Tag!

Die Autorin

In Rumänien geboren besuchte Petruta Ritter in ihrem Heimatort Jorasti die Hauptschule. Nach weiteren vier Jahren Lyzeum absolvierte sie drei Jahre lang eine Ausbildung zur ärztlichen Assistentin. Durch ihre Heirat mit Heinz Ritter kam sie im Jahre 1976 nach Österreich. Das Schreiben faszinierte sie schon immer und bereits in ihrer frühesten Jugend schrieb sie – ursprünglich in Rumänisch, erst viel später auch in Deutsch ihre Eindrücke nieder. Die Autorin absolvierte erfolgreich ein Literarisches Studium bei der Cornelia Goethe Akademie. Ihr selbst erdachtes Lieblingszitat lautet: „Träumend erreicht man den Himmel, lachend erreicht man das Leben, weinend erreicht man sich selbst, betend erreicht man Gott!"

novum VERLAG FÜR NEUAUTOREN

Der Verlag

„*Wer aufhört
besser zu werden,
hat aufgehört
gut zu sein!*

Basierend auf diesem Motto ist es dem novum Verlag ein Anliegen, neue Manuskripte aufzuspüren, zu veröffentlichen und deren Autoren langfristig zu fördern. Mittlerweile gilt der 1997 gegründete und mehrfach prämierte Verlag als Spezialist für Neuautoren in Deutschland, Österreich und der Schweiz.

Für jedes neue Manuskript wird innerhalb weniger Wochen eine kostenfreie, unverbindliche Lektorats-Prüfung erstellt.

Weitere Informationen zum Verlag und
seinen Büchern finden Sie im Internet unter:
w w w . n o v u m v e r l a g . c o m